世界公民叢書

未來的・全人類觀點

# 傅佩榮 莊子經典五十講

在生命的轉彎處

——向莊子請益

傅佩榮◎著

人生的真實與無奈　在亂世中尋找方向　悟道的智慧與境界

# 傅佩榮莊子經典五十講

【目錄】本書總頁數共304頁



## I 人生的真實與無奈

## II 在亂世中尋找方向

## Ⅲ 悟道的智慧與境界

# 序／向莊子請益

傅佩榮

念書是一件好事，奈何人生苦短，念什麼書就須謹慎選擇了。我曾在〈四季讀書法〉一文中，推薦大家：春天讀《論語》、夏天讀《莊子》、秋天讀《老子》、冬天讀《孟子》。現在我要針對《莊子》，說明我們在炎炎夏日，推而至於在人生的勞苦困頓階段，可別忘了一品智慧的清泉，享受曠古以來極為難得的心靈之旅。

首先，莊子是道家的代表，與老子合稱「老莊」。談起道家，最難懂的當然是這個「道」字。道並不是我們可以客觀加以界定的對象，而是包含一切客觀與主觀之物的「整體」。整體是唯一的，我們身在其中，又怎能看清它的廬山真面目呢？我們面對任何事物，只要走出自我中心的狹隘範圍，那麼隨著觀點的提升與擴大，眼界與心胸也將不同凡響。如果抵達「道」的境界，亦即可以從道的角度來觀察萬物，則將覺悟「一切都很好」。

人生的種種切切，無論悲喜順逆，最後難免都是「船過水無痕」。這時是只能低嘆三聲無奈呢，還是可以放曠慧眼、穿透表象，直觀道之本體，見出一切變化都是道的姿態，若有苦樂，則純屬人為造作呢？莊子由此入手，以令人驚羨的「達觀」心態，把人生的煩惱與痛苦一一點化，成為連綿無盡的美好風光。

在莊子筆下，我們看到他如何夢見蝴蝶、欣賞魚樂、曳尾於塗、笑傲江湖。他口中的比喻，有如連環之珠，晶瑩剔透而閃耀懾人，能使聽者駐足沉思、若有所悟，甚至自覺慚愧、若負平生。他擅長描寫平凡人的不凡，如庖丁解牛、痀僂丈人承蜩、大馬捶鉤之絕技、梓慶鬼斧神工、輪扁得心應手等等。任何一樣小技藝，只要長期專注去做，心無旁騖而樂此不疲，最後皆可登至化境，如有神助，甚至形同通靈一般奇妙，可以自娛娛人。

莊子對於人間的競爭、鬥爭與戰爭，總是以批評嘲諷的語氣，指出其中的執著、盲點與愚昧。世人所嚮往的富貴功名以及浮華享樂，無不讓人付出自我遺忘或自我遺棄的慘重代價，實在得不償失。相對於此，莊子認為人的生命除了身與心之外，還有靈性的層次。問題是：靈性的呈現需要修行的功夫。在老子看來，功夫在於「虛」與「靜」；莊子接受此一觀點，再以「心齋」一詞畫龍點睛，亦即以心之齋戒為階梯，以求向上悟道。「精神生於道」一語，顯示人在悟道之時，才能展現靈性的光輝。這樣的精神一旦出現，則「天地與我並生而萬物與我為一」，就不再是夢囈之語了。

我學習莊子，尚離此一美境甚遠，但是至少已經明白「不得已」三字的奧妙了。所謂不得已，並無勉強、委屈、無奈、被迫之意，而是在判斷各種條件成熟的時候，我就順勢而行，亦即「行其所當行，止於其所不得不止」。於是，重點轉而成為：如何判斷各種條件是否成熟？能夠做到這一步，則是「轉識成智」的開始。

《莊子》一書，被金聖嘆推崇為「六大才子書」之首，這不僅是因為它的古老，更是因為其中蘊涵的才華。我說「夏天讀《莊子》」，只是為了在四季分配四本書的考量，而事實上呢？無論任何季節，年過三十的人捧讀莊子必有收穫，並且這種收穫會隨著年齡與閱歷而一再深化及昇華，直到我們能如莊子一般，終於領悟了「天地有大美而不言」。

閱讀《莊子》，不是一件易事。許多怪字難念也難懂，必須翻查各家注解；即使字詞都明白了，還是不知道他究竟為何這麼說。他的中心思想體系，才是我們真正要學的目標所在。為了完整呈現莊子的思想體系，我特地於二〇〇七年開春，寫了五十篇文章加以介紹。這些文章分為三輯，依序題為：一、人生的真實與無奈；二、在亂世中尋找方向；三、悟道的智慧與境界。書名定為《向莊子請益》（二〇一三年再版更改書名為《傅佩榮莊子經典50講》），是因為本書充分引述莊子原文的精華部分，再以淺顯方式闡述之。引述部分以不同字體附在文後，便於讀者品讀及查閱。至於白話譯文，則以立緒版的《莊子解讀》（已於二〇一二年修訂新版）為準。我曾在這本《莊子解讀》的自序中說：「今日得以解讀《莊子》，實為人生一大樂事。」現在我可以補充說一句：「請大家藉由本書，分享我的快樂，並且一起向莊子請益吧！」

**《莊子》原書目錄：**

一、內篇：逍遙遊、齊物論、養生主、人間世、德充符、大宗師、應帝王

二、外篇：駢拇、馬蹄、胠篋、在宥、天地、天道、天運、刻意、繕性、秋水、至樂、達生、山木、田子方、知北遊

三、雜篇：庚桑楚、徐無鬼、則陽、外物、寓言、讓王、盜跖、說劍、漁父、列禦寇、天下

※本書各篇文末所引述莊子原文之頁碼，以二〇一二年十月《莊子解讀》修訂新版為準。

I

# 人生的真實與無奈

算命不如修養　福與禍之間　別相信算命
人心的奇妙　從困境中覺悟　利益與危險
辯論不必要　權力的傾斜　蝸角之爭的序曲
蝸角之爭的寓言　紛亂的世間　修練入門
何去何從　再談何去何從　虛幻人生
沉思死亡　面對死亡

# 1. 算命不如修養

莊子的時代仍然流行以龜為靈驗的算命工具，他也具體描繪了一段精彩的報導。《莊子．外物》編了一則寓言，講的是宋元君與白龜的故事，最後還讓孔子上場做個評論。原文如後：

宋元君半夜夢到有人披頭散髮，在側門邊窺視，並且說：「我來自名為宰路的深淵，我被清江之神派往河伯那裡去，但是漁夫余且捉住了我。」元君醒來，叫人占卜此夢，卜者說：「這是神龜啊。」國君說：「漁夫有叫余且的嗎？」左右的人說：「有。」國君說：「命令余且來朝見。」第二天，余且上朝。國君說：「你捕到什麼？」余且說：「我網住了一隻白龜，直徑有五尺長。」國君說：「把你的龜獻上來。」

白龜獻上之後，國君又想殺牠，又想養牠，心中猶豫不決，叫人來占卜，卜者說：「殺龜用來占卜，吉利。」於是挖去龜肉，用龜甲占卜，七十二次都沒有失誤。

孔子聽說了這件事，就說：「神龜能夠託夢給宋元君，卻不能避開余且的魚網；牠的智巧能夠占七十二次卻沒有失誤，卻不能避開挖肉的禍患。這樣看來，智巧有窮盡之時，神妙有不及之處。即使有最高的智巧，也避不開萬人的謀害。魚不害怕魚網而害怕鵜鶘；摒棄小智巧，大智巧就顯露出來；摒棄善行，自己就走上善途了。嬰兒生下來，沒有高明的老師而可以學會說話，那是因為與會說話的人相處在一起。」

孔子的評論中，讓人聞之心驚的是「雖有至知，萬人謀之」一語。武俠小說中，沒有人可以獨自對付武林同盟的人海戰術。不論你如何聰明，「智者千慮，必有一失」，何況是萬人共同聯手對付你？至於「魚不畏網而畏鵜鶘」這個比喻，是說魚只有小智巧，只知害怕那迎面而來的鵜鶘，而不知道真正捕獲牠們的是一張大魚網。然而，魚網也像老子所謂的「天網恢恢，疏而不失」一般，又有誰可以躲得過呢？若想躲過這樣的災難，顯然需要大智巧。

所謂大智巧，至少要由自我收斂的修養著手。《莊子．徐無鬼》記載一隻靈巧猴子的故事，可以作為借鏡。原文如後：

吳王一行人渡過長江，登上一座猴山。群猴看見人來，都驚慌地跑開，逃到荊棘叢林中。這時，有一隻猴子，從容地攀著樹枝跳躍，在吳王面前賣弄靈巧的身手。吳王射牠，牠敏捷地接住來箭。吳王命令左右助手一起迅速發箭，牠就中箭摔下樹而死。吳王回頭對他的朋友顏不疑說：「這隻猴子自以為靈巧，仗著身手敏捷來傲視我，才會落到這樣的下場。要引以為戒啊！唉，不要以驕傲的態度對待人啊！」顏不疑就去拜董梧為師，去除驕傲的態度，摒棄享樂，謝絕榮華，三年之後，國人都稱讚他。

以上這段故事中的猴子，確實本領高強，但是奈何萬箭齊發，無所遁逃，以致死於非命。猴子只有小智巧，那麼人呢？吳王最後對顏不疑說的話，顯然有警惕意味，而顏不疑也立即深信不疑，決心消解自己驕傲的態度，另行拜師修練去了。

古代國家設有卜人，是專門負責占卜的官。占卜的方法之一是使用《易經》的占卦。《易經》以六十四卦與三百八十四爻來代表人間的各種複雜處境，並且為每一個卦與爻寫下占驗，說明其吉凶悔吝。這一套占卦系統有其靈驗之處，但是歸結其原理則是強調修德的重要。理由是：有欲望，才會有得失；有得失，才會有吉凶。如果降低欲望，就可以消解得失之心，然後也就不會受制於吉凶之說了。

譬如，「止謗莫如自修」就是一句很好的成語。修養抵達一定程度時，自然可以逢凶化吉，正如謙卦代表謙虛，而六爻「非吉則利」。反之，若無任何修養，則難免招來別人的圖謀與敵視，此時命運就不堪設想了。

◆◆◆

**《莊子・外物》**（見《莊子解讀》26・6 p.414）

宋元君夜半而夢人被髮闚阿門，曰：「予自宰路之淵，予為清江使河伯之所，漁者余且得予。」元君覺，使人占之，曰：「此神龜也。」君曰：「漁者有余且乎？」左右曰：「有。」君曰：「令余且會朝。」明日，余且朝。君曰：「漁何得？」對曰：「且之網得白龜焉，其圓五尺。」君曰：「獻若之龜。」龜至，君再欲殺之，再欲活之，心疑，卜之，曰：「殺龜以卜吉。」乃刳龜，七十二鑽而無遺筴。仲尼曰：「神龜能見夢於元君，而不能避余且之網；知能七十二鑽而無遺筴，不能避刳腸之患。如是，則知有所困，神有所不及也。雖有至知，萬人謀之。魚不畏網而畏鵜鶘；去小知而大知明，去善而自善矣。嬰兒生無石師而能言，與能言者處也。」

## 《莊子．徐無鬼》（見《莊子解讀》24．9 p.378）

吳王浮於江，登乎狙之山。眾狙見之，恂然棄而走，逃於深蓁。有一狙焉，委蛇攫搔，見巧乎王。王射之，敏給搏捷矢。王命相者趨射之，狙執死。王顧謂其友顏不疑曰：「之狙也，伐其巧、恃其便以敖予，以至此殛也。戒之哉！嗟乎，無以汝色驕人哉！」顏不疑歸而師董梧，以鋤其色，去樂辭顯，三年而國人稱之。

# 2. 福與禍之間

真正修行有成的高手，才會讓看相算命的人知難而退；一般人的面相總是會洩漏命運的跡象，而讓算命的人一猜就中。問題在於：預測命運是一回事，對命運是吉是凶的判斷則是另一回事。

研究《易經》的人知道占卦的方法，也明白六十四卦與三百八十四爻的吉凶占驗之說，但是更重要的原則有二：一是「天道無吉凶」，因為任何卦象都是天道運行變化中的一環，再共同形成一個完整的因果大網。既然這是一個整體，彼與此不可分離來談，又何必計較誰吉誰凶？二是「吉凶來自人的欲望」，有欲望才有吉凶，所以趨吉避凶的上策是減少欲望。

莊子深化此一觀點，提出福與禍不但相生相倚，不但出於人的欲望，並且很可能陰錯陽差到讓人啼笑皆非的地步。簡單說來，算命的斷你好運，但是你獲得好運的過程與結果完全不是那一回事。

《莊子．徐無鬼》記載一個故事。子綦有八個兒子，他自己雖有極高的修行境界，但也不能免俗，想知道兒子們的未來遭遇。他請來算命師九方歅，為他的八個兒子看相，希望知道誰最有福氣。九方歅說：「梱最有福氣。」子綦驚喜地說：「他會怎麼樣呢？」九方歅說：「梱終身都會與國君一起飲食。」意思是：梱這一生的遭遇是：國君吃喝什麼，他也吃喝什麼。

子綦一聽這話就傷心流淚說：「我的兒子為什麼會陷入這種絕境呢？」九方歅看到子綦的異常反應，不禁責怪他說：「與國君一起飲食，恩澤會普及到三族，何況是父母呢？現在先生聽了反而哭泣，這是拒絕福份。看來兒子有福氣，父親卻沒有福氣。」

子綦這時只好說出一番莊子式的大道理了。他說：「你怎麼能夠了解這個道理，梱真的有福氣嗎？只不過是酒肉送入口鼻而已，又怎麼知道酒肉是哪裡來的！我沒有畜牧而住屋西南角卻出現羊隻，沒有打獵而住屋東南角卻出現鵪鶉。你不覺得奇怪，為什麼呢？我教我的兒子遨遊，是要遨遊於天地之間。我教他們與自然同樂，教他們與大地共食；我不教他們做成事業，不教他們運用謀略，不教他們標新立異。我教他們順從天地的實況，不因追逐外物而與此相違背，我教他們一切順其自然，而不教他們選擇什麼事該做，現在居然會得到世俗的報償。凡是有奇怪的徵兆，一定有奇怪的事情，這恐怕不是我與我兒子的過錯，而是上天給他的。我因此哭泣啊。」

後續的發展似乎被子綦不幸言中。怎麼回事呢？沒過多久，子綦派梱去燕國辦事。在途中，梱被強盜擄走，強盜認為四肢健全的人很難賣出去，不如把腳砍掉比較容易些，於是砍掉他的腳，把他賣到齊國，正好擔任齊康公的守門人，終身都有酒肉可吃。

從這段故事看來，九方歅的算命確實很準，但是他只算到結果而沒有想到過程。像梱在過程中的遭遇，簡直是大難臨頭，並且結果雖然真有酒肉可享用，但是卻成了無腳的守門人。試問：光有酒肉可吃，怎能算是福氣？以寵物來說，家貓比起流浪貓或許可以說是有福。我說「或許」，因為《莊子．養生主》上寫著：「水澤邊的野雞，走十步才能啄到一口食物，走百步才能喝到一口水，可是牠們不希望被養在籠子裡。養在籠子裡的野雞，神態雖然旺盛，但並不愉快。」

動物尚且如此，何況是人？一個人卑躬屈膝而得到衣食供應，難道可以說是福氣嗎？子綦所嚮往的是「遊於天地」，亦即「邀樂於天」、「邀食於地」，在天地萬物之中自在逍遙，其樂無窮。這樣才算是福氣啊！

由此看來，世間的福禍其實只是混淆的價值觀所設定的，不值得我們太過操心。如果梱的遭遇算是福氣，難道他還要感謝擄走他並砍去他雙腳的那班強盜嗎？

◆◆◆

**《莊子・徐無鬼》**（見《莊子解讀》24・12 p.382）

子綦有八子，陳諸前，召九方歅曰：「為我相吾子，孰為祥？」九方歅曰：「梱也為祥。」子綦瞿然喜曰：「奚若？」曰：「梱也將與國君同食以終其身。」子綦索然出涕曰：「吾子何為以至於是極也？」九方歅曰：「夫與國君同食，澤及三族，而況於父母乎！今夫子聞之而泣，是禦福也。子則祥矣，父則不祥。」子綦曰：「歅，汝何足以識之，而梱祥邪？盡於酒肉，入於鼻口矣，而何足以知其所自來！吾未嘗為牧而牂生於奧，未嘗好田而鶉生於宎，若勿怪，何邪？吾所與吾子遊者，遊於天地。吾與之邀樂於天，吾與之邀食於地，吾不與之為事，不與之為謀，不與之為怪；吾與之乘天地之誠，而不以物與之相攖，吾與之一委蛇，而不與之為事所宜，今也然有世俗之償焉。凡有怪徵者，必有怪行，殆乎非我與吾子之罪，幾天與之也。吾是以泣也。」無幾何而使梱之於燕，盜得之於道，全而鬻之則難，不若刖之則易，於是於刖而鬻之於齊，適當渠公之街，然身食肉而終。

**《莊子．養生主》**（見《莊子解讀》3．4 **p.58**）

澤雉十步一啄，百步一飲，不蘄畜乎樊中。神雖王，不善也。

# 3. 別相信算命

莊子對於「怪、力、亂、神」沒有什麼忌諱，但是卻有他獨特的批判眼光。《莊子．應帝王》有一段完整的故事，提供了最佳教材，值得仔細賞讀。

故事的角色有三：一是鄭國的神巫，名叫季咸，他能測知人的死生、存亡、禍福、壽夭，卜算出年月日，準確如神。鄭國人看到他，都紛紛走避，因為怕他鐵口直斷，說出自己的命運。二是列子（列禦寇），他是個年輕人，拜壺子為師，見到季咸之後非常崇拜，回去告訴壺子說：「原先我以為老師的道術最高深了，現在又看到更了不起的。」第三個角色當然是壺子了，他的智慧深不可測，在聽到列子的抱怨之後，對列子說：「我教過你表面的虛文，還未談到真實的部分，你就以為自己明白『道』了嗎？全是雌鳥而沒有雄鳥，又怎麼會產卵呢？你用表面的虛文與世人周旋，一定會想要凸顯自己，這樣就讓人有機會算出你的命運。你試著請他來，替我看看相。」

壺子的意思是：列子只學了一些表面功夫，如背誦經典的文字章句，但尚未覺悟真實的道，尚未抵達整體的化境，所以很容易露出個人的情緒、意念與欲望，然後讓季咸可以算出他的命運。現在，壺子要親自上場，讓學生見識真正的本事。

第二天，列子帶著季咸來見壺子。見過面出去後，季咸對列子說：「唉！你的老師快要死了，活不久了，不會超過十天！我看他神色有異，呼吸像濕灰一般沉重。」列子進入屋內，哭得眼淚沾濕了衣襟，把這個消息告訴壺子。壺子說：「剛才我顯示給他看的是地象，是不動不止的陰靜狀態。他大概是看我閉塞住自得的生機了。你再請他來看看。」

隔了一天，列子又帶季咸來了。季咸見了壺子後，出去對列子說：「真是幸運，你的老師正好遇到我。有救了，全然有生氣了，我看見他閉塞的生機開始活動了。」列子進屋把這個消息告訴壺子。壺子說：「剛才我顯示給他看的是天地相通之象，名與實都不存於心，一線生機從腳跟發出。他大概是看到我生機發動了。再請他來看看。」

又隔了一天，列子又帶季咸來，季咸見了壺子之後，出去對列子說：「你的老師動靜不定，我無法為他看相。等他平靜下來，我再看吧。」列子進屋把這句話轉告壺子。壺子說：「剛才我顯示給他看的是太虛無跡之象。他大概是看到我神情平衡的生機了。鯨魚盤旋之處形成深淵，止水之處形成深淵，流水之處形成深淵。深淵有九種情況，我在此顯示了三種。再請他來看看。」

第二天，兩人又來見壺子。季咸還未站定，就慌忙逃走了。壺子說：「快去追他。」列子追出去，已經來不及了。他回來報告壺子，說：「不見蹤影了，不知去向了，我追不到他。」壺子說：「剛才我顯示給他看的是完全不離本源的狀態。我以空虛之心隨順他，使他不知我究竟是誰，一下以為我順風而倒，一下以為我隨波逐流，所以立刻逃走了。」

在上述故事中，壺子依序顯示四種神情，就是：地象，天地相通之象，太虛無跡之象，以及完全不離本源的狀態。這是壺子的本事，也代表莊子的能耐，可以隨心所欲展現特定的神情，讓季咸知難而退。不過，季咸能夠配合演出，每一次都正確說出壺子所顯示的神情，也不愧他「神巫」的稱譽了。

算命看相之事並非純屬虛構，古今中外這一類的故事不可勝數，聽了足以讓人瞠目結舌。但是，莊子期許我們的，是要在吉凶禍福的命運之外，把握自己的修養機會與覺悟能力。只要體認「完全不離本源的狀態」，從整體來看待自己的遭遇，化解得失利害之心，那麼算命又能奈我何？算命可供談笑，但不足以決定我的喜怒哀樂。

◆ ◆ ◆

## 《莊子・應帝王》（見《莊子解讀》7・5 p.124，7・6 p.126）

鄭有神巫曰季咸，知人之死生、存亡、禍福、壽夭，期以歲月旬日若神。鄭人見之，皆棄而走。列子見之而心醉，歸，以告壺子，曰：「始吾以夫子之道為至矣，則又有至焉者矣。」壺子曰：「吾與汝既其文，未既其實，而固得道與？眾雌而無雄，而又奚卵焉？而以道與世亢，必信，夫故使人得而相汝。嘗試與來，以予示之。」明日，列子與之見壺子。出而謂列子曰：「嘻！子之先生死矣，弗活矣，不以旬數矣！吾見怪焉，見溼灰焉。」列子入，泣涕沾襟以告壺子。壺子曰：「鄉吾示之以地文，萌乎不震不止，是殆見吾杜德機也。嘗又與來。」明日，又與之見壺子。出而謂列子曰：「幸矣，子之先生遇我也。有瘳矣，全然有生矣，吾見其杜權矣。」列子入，以告壺子。壺子曰：「鄉吾示之以天壤，名實不入，而機發於踵。是殆見吾善者機也。嘗又與來。」

明日，又與之見壺子。出而謂列子曰：「子之先生不齊，吾無得而相焉。試齊，且復相之。」列子入，以告壺子。壺子曰：「鄉吾示之以太沖莫勝，是殆見吾衡氣機也。鯢桓之審為淵，止水之審為淵，流水之審為淵。淵有九名，此處三焉。嘗又與來。」明日，又與之見壺子。立未定，自失而走。壺子曰：「追之！」列子追之不及。反，以報壺子曰：「已滅矣，已失矣，吾弗及已。」壺子曰：「鄉吾示之以未始出吾宗。吾與之虛而委蛇，不知其誰何，因以為弟靡，因以為波流，故逃也。」然後列子自以為未始學而歸。三年不出，為其妻爨，食豕如食人。於事無與親，雕琢復朴，塊然獨以其形立。紛而封哉，一以是終。

# 4. 人心的奇妙

莊子談到人的修練，總是不忘提醒我們「心如死灰」這四個字。為什麼「心」要變得像死灰一樣？因為心的運作確實難測之至。

《莊子．在宥》藉老聃（亦即老子）之口說：「你要謹慎，不可擾亂人心。人心排斥卑下而爭求上進，在上進與卑下之間憔悴不堪；柔弱想要勝過剛強，稜角在雕琢中受傷；躁進時熱如焦火，退卻時冷若寒冰。變化速度之快，頃刻間可以往來四海之外。沒事時，安靜如深淵；一發動，遠揚於高天。激盪驕縱而難以約束的，就是人心吧！」

說到起心動念的複雜狀況，恐怕很難找到更貼切生動的描述了。《孟子》書中也談到人心，但是僅止於藉孔子之口說出一句「出入無時，莫知其嚮」（出去回來沒有一定的時間，沒有人知道它走向何處）。相比之下，莊子的觀察令人佩服，並且入木三分。

《莊子·列禦寇》說得更為具體，還列出五種表裡不一的情況。「人心比山川更險惡，比自然更難了解。自然還有春夏秋冬、日夜的規律，人卻是外表厚實、情感深藏。所以，有人外表恭謹而內心驕傲，有人貌似長者而心術不正，有人舉止拘謹而內心輕佻，有人表面堅強而內心軟弱，有人表面溫和而內心急躁。所以，追求道義有如口渴找水的人，拋棄道義也像逃避灼熱的人。」

在此，最後一句「故其就義若渴者，其去義若熱」，是在提醒我們不可操之過急。修練之道，首在認識自己，省察自己是這五種「厚貌深情」中的哪一種，再對症下藥，回歸於真實的自我。

為了客觀地認識自己及認識別人，莊子接著提出九種觀人之法，稱為「九徵」。他說：「所以，對於君子，派遣他去遠方，觀察他是否忠心；

安排他在近處，觀察他是否恭敬；交代他繁重事務，觀察他是否能幹；突然質問他，觀察他是否機智；給他急迫的期限，觀察他是否守信；委託他錢財，觀察他是否行仁；告訴他處境危險，觀察他是否有節操；讓他喝醉酒，觀察他是否守法度；讓他男女雜處，觀察他是否端正。經過這九種考驗，就可以看出誰是賢者，誰是不肖之人了。」

這番話首先應該用來省察及認識「自己」，如果自己無法通過這九徵的檢驗，又憑什麼去要求別人呢？宋朝哲學家喜歡強調「在事上磨練」，正好符合莊子的用意。因為，若是光憑說「理」，誰不能侃侃而談？但是遇到具體的「事」時，才有真正的操守可言。

不過，這樣的修練與本文開頭所說的「心如死灰」又有什麼關係呢？這樣修練下來的心似乎不是死灰狀態。所以，我們在強調「表裡如一，忠於自我」之時，還須介紹一個概念，就是「心齋」。

顧名思義，「心齋」是指心的齋戒，而不是指「不喝酒、不吃葷」而言。心齋的具體做法，是要逐步減少感官的刺激、外來的誘惑、層出不窮的欲望，以及執著於自我中心的觀念與成見。總之，就是要對「心」下一番滌清與整理的功夫，使它進入虛與靜的狀態。

心能虛靜，那麼從外表看來，不是「心如死灰」嗎？當別人都在耍弄心機、爭奇鬥艷、巧取豪奪、誇耀富貴時，你卻能以虛靜之心去面對。這是因為心正在發生奇妙的變化，也就是在平凡的心裡面出現了光明，展現了屬於「靈性」層次的境界。莊子以不同的名稱來描寫這樣的心，說它是「真君」，是「靈台」，是「靈府」。

由此可見，人心奇妙無比。若是任由身體感官去牽引，則心成為煩惱的根源、痛苦的淵藪，活著片刻也不得安寧。反之，若是進行適當的修練，使心如死灰，然後從灰燼中將會展現人類生命中最可貴的部分，亦即靈性的力量。莊子認為人心的奇妙莫過於此。

◆ ◆ ◆

**《莊子．在宥》**（見《莊子解讀》11．3 p.158）

老聃曰：「汝慎無攖人心。人心排下而進上，上下囚殺，淖約柔乎剛彊，廉劌彫琢，其熱焦火，其寒凝冰。其疾俛仰之間而再撫四海之外。其居也淵而靜，其動也縣而天。僨驕而不可係者，其唯人心乎！」

**《莊子．列禦寇》**（見《莊子解讀》32．6 p.487）

孔子曰：「凡人心險於山川，難於知天。天猶有春秋冬夏旦暮之期，人者厚貌深情。故有貌愿而益，有長若不肖，有順懁而達，有堅而縵，有緩而釬。故其就義若渴者，其去義若熱。故君子遠使之而觀其忠，近使之而觀其敬，煩使之而觀其能，卒然問焉而觀其知，急與之期而觀其信，委之以財而觀其仁，告之以危而觀其節，醉之以酒而觀其則，雜之以處而觀其色。九徵至，賢不肖人得矣。」

# 5. 從困境中覺悟

佛教把人生比喻為「火宅」，房子著火、危急萬分，所以要趕緊覺悟。所謂的「火」，是指人的欲望，以及因為錯誤知見而產生的猖狂妄行。

在莊子看來，情況也差不多，只是他沒有宗教家的出世色彩，並且他在看出病症之後，所開的藥方大不相同。那麼，人生的痛苦來自何處？《莊子．齊物論》有一段平實的描寫，他說：

「人承受形體而出生，就執著於形體的存在，直到生命盡頭。它與外物互相較量摩擦，追逐奔馳而停不下來，這不是很可悲嗎？終身勞苦忙祿，卻看不到什麼成功，疲憊困頓不堪，卻不知道自己的歸宿，這不是很悲哀嗎？」

他的話語越說越重，簡直像在訓話：

「這種人就算是不死，又有什麼好處！他的身體逐漸耗損衰老，心也跟著遲鈍麻木，這還不算是大悲哀嗎？人生在世，真是這樣茫然嗎？還是只有我一個人茫然，而別人也有不茫然的嗎？」

莊子以「茫然」作為結語，很適合現代人的理解。在進一步闡釋他的藥方之前，我們不妨順著這樣的批評，找一段更具體也更清楚的資料，來作為補充說明。在《莊子．天地》，描寫人們如何喪失本性及陷入困境：

「喪失本性有五種情況：一是五色亂目，使人眼睛看不清楚；二是五聲亂耳，使人耳朵聽不明白；三是五臭薰鼻，使人鼻塞難以呼吸；四是五味濁口，使人味覺大受損傷；五是取捨迷亂心思，使人本性浮動。這五種都是人生的禍患。」

從感官的貪欲，到心思的困惑，又有誰可以逃避這一切？但是，莊子認為有些學者（如楊朱、墨翟）還在製造更複雜的干擾。他舉這二人為例，大概因為他們是當時的知名學者，可以作為樣板來加以批判。他繼續指出：

「而楊朱、墨翟還在標新立異，自以為有所得，但這不是我所說的得。有所得的人反而受困，可以算是得嗎？那麼，斑鳩與貓頭鷹被關在鳥籠裡，也可以算是得了。再說，讓取捨、聲色的念頭塞住內心，讓皮帽、羽冠、玉板、寬帶、禮服的裝飾拘束外形，裡面堆滿了柵欄，外面是重重繩索的束縛，眼睜睜地困處在繩索之中還自以為有所得，那麼犯人被反綁雙手、夾住十指，虎豹被關在籠子裡，也可以算是得了。」

這樣的言語真是犀利，任何人唸了都會有「寒天飲冰水，點滴在心頭」的感觸。但是，又有誰可以擺脫這樣的困境？《莊子・田子方》順著這樣的理解，藉由寓言中的孔子之口來教訓顏淵。孔子說：

「自然而然地成就了形體，知道命運是不能預先測度的，所以我一天一天向前走。我長期與你相處在一起，你卻沒有了解這個道理，能不悲哀嗎？你大概是見到我所見到的現象了。它們已經逝去，而你以為它們存在，還在繼續尋找，這就好像在空的市場尋找馬一樣。我心目中的你，很快就消失了；你心目中的我，也很快就消失了。就算如此，你又擔心什麼！過去的我雖然消失了，但我還有那不消失的東西存在。」

請問：當我的身與心一直在變化時，還有什麼是那「不消失的東西」？這個問題極為緊要。《莊子》書中屢次出現「形如槁木、心如死灰」之類的語句，視之為修練有成者的表現。如果身與心變成毫無生機與活力的「槁木、死灰」，人還有什麼部分是「不消失」的呢？

用現代人的術語來說，人有「身、心、靈」三個層次，亦即在大家熟悉的身與心之外，還有一個靈性層次的存在。既然如此，我們是否可以認為：莊子所肯定的修練方法，就是要人以靈性的力量來化解身心的困境？當然，這裡面還有許多深刻的思想要加以分辨。但是，至少它提供了一個大方向。

◆ ◆ ◆

**《莊子・齊物論》**（見《莊子解讀》2・4 p.32）

一受其成形，不亡以待盡。與物相刃相靡，其行盡如馳，而莫之能止，不亦悲乎！終身役役而不見其成功，苶然疲役而不知其所歸，可不哀邪！人謂之不死，奚益！其形化，其心與之然，可不謂大哀乎？人之生也，固若是芒乎？其我獨芒，而人亦有不芒者乎？

**《莊子・天地》**（見《莊子解讀》12・16 p.194）

且夫失性有五：一曰五色亂目，使目不明；二曰五聲亂耳，使耳不聰；三曰五臭薰鼻，困惾中顙；四曰五味濁口，使口厲爽；五曰趣舍滑心，使性飛揚。此五者，皆生之害也。而楊、墨乃始離跂自以為得，非吾所謂得也。夫得者困，可以為得乎？則鳩鴞之在於籠也，亦可以為得矣。且夫趣舍聲色以柴其內，皮弁鷸冠，搢笏紳修以約其外。內支盈於柴柵，外重纆繳，睆睆然在纆繳之中而自以為得，則是罪人交臂歷指，而虎豹在於囊檻，亦可以為得矣。

**《莊子．田子方》**（見《莊子解讀》21．3 p.313）

薰然其成形，知命不能規乎其前。丘以是日徂。吾終身與女交一臂而失之，可不哀與？女殆著乎吾所以著也。彼已盡矣，而女求之以為有，是求馬於唐肆也。吾服女也甚忘；女服吾也甚忘。雖然，女奚患焉！雖忘乎故吾，吾有不忘者存。

# 6. 利益與危險

我們從小就熟知一句成語，叫做「螳螂捕蟬，黃鵲在後」。螳螂為了捕蟬而忘記自己成為黃鵲的獵物，所以我們千萬不要為了利益而忘記危險。這句成語出自《莊子》，而原文稍有不同，是「螳螂捕蟬，異鵲在後」。

《莊子．山木》如此寫著：

莊子到雕陵的栗園裡遊玩，看見一隻怪鵲從南方飛來，翅膀張開有七尺，眼睛直徑有一寸，牠擦過莊子的額頭，停在栗林中。莊子說：「這是什麼鳥啊？翅膀大卻飛不遠，眼睛大卻看不清。」於是提起衣裳，快步走過去，手握彈弓守候在一旁。

這時看到一隻蟬，剛剛找到舒服的樹蔭，忘了自己還有身體；一隻螳螂躲在隱蔽的樹葉中，準備捕捉蟬，見到利益就忘了自己還有形軀；怪鵲盯住螳螂正要下手，見到利益就忘了自己是隻大鳥。莊子心生警惕說：「啊！萬物就是這樣互相牽累，因利害而一個招惹一個啊。」他扔下彈弓，轉身離去，這時栗林的守園人在後面追趕責問。

以上這段故事未必是寓言，而可能是莊子的真實經驗。蟬、螳螂與異鵲所構成的食物鏈，在生物世界是十分正常的現象，但是莊子看出了其中的玄機，因為他正準備用彈弓來偷襲異鵲呢！莊子很窮，這隻大鳥可以讓一家老小增加不少營養與歡樂。但是，他畢竟聰明，立即聯想起自身的處境：他自己會不會成為別人的某種獵物呢？亦即，他會不會也忘記自身的危險，以致遭受責怪與冤屈呢？結果還是晚了一步，守栗園的人以為他是來偷採栗子的小偷呢。莊子在逃走時，連彈弓都扔下了，這不是額外的損失嗎？世間求利之人往往反受其害，即使如願以償，所付出的代價也可能太高，以致得不償失。

更可怕的是：世間的利益常有嚴重的後遺症。《莊子．列禦寇》記載，有人想請莊子做官，莊子答覆使者說：「你見過用來祭祀的牛嗎？披的是紋彩刺繡，吃的是青草大豆，等牠被牽到太廟待宰的時候，即使想做一頭孤單的小牛，辦得到嗎？」答案當然是：悔之晚矣。牛不能決定自己的命運，人至少可以選擇要不要爭取某些利益。

莊子對於像做官這樣的大利益，似乎成見已深。《莊子．秋水》記載楚國派兩位大夫來遊說莊子做官，莊子正在釣魚，頭也不回地說：「我聽說楚國有一隻神龜，已經死了三千年；楚王特地用竹箱裝著，手巾蓋著，保存在廟堂之上。這隻龜，是寧可死了，留下骨頭受到尊貴待遇呢？還是寧可活著，拖個尾巴在泥地裡爬呢？」二位大夫說：「寧可活著，拖個尾巴在泥地裡爬。」莊子說：「你們請回吧！我還想拖個尾巴在泥地裡爬呢！」

《莊子．山木》繼續記載，莊子回到家中，三天都不開心。弟子藺且

（請注意，這是莊子學生之中唯一留下姓名的）於是問他說：「老師為什麼最近覺得不開心呢？」莊子說：「我留意外物的形軀而忘了自身的處境，看多了濁水反而對清水覺得迷惑。並且我曾聽我的老師說過：『到一個地方，就要順從那兒的習俗。』現在，我在雕陵遊玩而忘了自己還有身體，讓怪鵲擦過我的額頭；在栗林遊玩而忘了自己是誰，讓栗林守園人以為我是可恥的小偷，我就是這樣才不開心的啊！」

莊子最後這段說明似乎別有深意。一方面，利益與危險攜手並至，所以見到利益就須想到危險。另一方面，不論在何處遊玩，也不論遊玩得多麼高興，都不能忘記自己與外物仍是不同的，亦即不應該以為在世間可以找到完全的安全與平安。有形體就有欲求，有心思就會猜疑，即使你願意忘記自己，別人也未必容許你這麼做。由此看來，即使不談利益，我們也須慎防世間的危險。

◆ ◆ ◆

## 《莊子・山木》（見《莊子解讀》20・10 p.307）

莊周遊於雕陵之樊，覩一異鵲自南方來者，翼廣七尺，目大運寸，感周之顙，而集於栗林。莊周曰：「此何鳥哉？翼殷不逝，目大不覩。」蹇裳躩步，執彈而留之。覩一蟬，方得美蔭而忘其身。螳螂執翳而搏之，見得而忘其形；異鵲從而利之，見利而忘其真。莊周怵然曰：「噫！物固相累，二類相召也。」捐彈而反走，虞人逐而誶之。莊周反入，三日不庭。藺且從而問之：「夫子何為頃間甚不庭乎？」莊周曰：「吾守形而忘身，觀於濁水而迷於清淵。且吾聞諸夫子曰：『入其俗，從其俗。』今吾遊於雕陵而忘吾身，異鵲感吾顙，遊於栗林而忘真。栗林虞人以吾為戮，吾所以不庭也。」

## 《莊子・列禦寇》（見《莊子解讀》32・9 p.490）

或聘於莊子。莊子應其使曰：「子見夫犧牛乎？衣以文繡，食以芻菽，及其牽而入於大廟，雖欲為孤犢，其可得乎！」

**《莊子・秋水》**（見《莊子解讀》17・13 p.258）

莊子釣於濮水，楚王使大夫二人往先焉，曰：「願以竟內累矣！」莊子持竿不顧，曰：「吾聞楚有神龜，死已三千歲矣。王巾笥而藏之廟堂之上。此龜者，寧其死為留骨而貴乎？寧其生而曳尾於塗中乎？」二大夫曰：「寧生而曳尾塗中。」莊子曰：「往矣！吾將曳尾於塗中。」

# 7. 辯論不必要

年輕時，好心的長輩勸告我：「不要做三種人，就是保人、媒人與調人。」首先，為人作保，後果堪慮，因為牽涉到的金錢往往數量龐大，可能造成傾家蕩產。許多學生告訴我，說他們的父母就是為人作保而使自己的家庭陷入困境。其次，為什麼不做媒人呢？因為男女結婚之後能夠和睦相處嗎？天下的悲劇不在好人與壞人的衝突，而在好人與好人的誤會。誰說好人不會變成冤家的？一旦出現問題，媒人不是尷尬之至嗎？

然後，為什麼不做調人呢？這一點很難說個道理出來，直到念了《莊子・齊物論》，才恍然大悟。莊子勸我們不要介入別人的爭辯，因為那不但吃力不討好，而且根本注定了徒勞無功。

莊子說：「假設我同你辯論，你勝過我，我沒法勝過你，那麼你真的對嗎？我真的錯嗎？或者，我勝過你，你沒法勝過我，那麼我真的對嗎？你真的錯嗎？是一人對，一人錯嗎？還是兩人都對，或兩人都錯呢？我與你是不能互相了解了。」由此可見，即使可以「勝人之口」，卻未必可以「服人之心」，更談不上誰擁有絕對的真理了，因為在辯論中很可能根本沒有真理可言。

莊子接著說：「人都被偏見所遮蔽，那麼我要請誰來裁判呢？請與你意見相同的人來裁判，既然與你的意見相同，怎麼能夠裁判？請與我意見相同的人來裁判，既然與我的意見相同，怎麼能夠裁判？請與你我意見都不相同的人來裁判，既然與你我的意見都不相同，怎麼能夠裁判？請與你我意見都相同的人來裁判，既然與你我的意見都相同，怎麼能夠裁判？如此看來，我與你與別人也都不能互相了解了，那麼還要期待誰呢？」

這一段話唸起來有些繞口，但是思考卻相當周延，它所強調的是：辯論雙方不能「球員兼裁判」，但是即使找了任何一位「別人」，也不可能有超然的立場來擔任客觀的裁判。莊子所說的，固然是個事實，但是人間難免有許多爭議，又該怎麼辦呢？現代人比較習慣採取「由相關的人來表決」，再以「多數決」的方式來做判斷。這種方式也許可以用在公共事務上，但是卻無助於化解各種觀念上的爭執。

為什麼不做調人？因為在兩造之間調解時，很可能使自己顯得鄉愿。鄉愿就是不分黑白的和事佬，只求息事寧人而希望雙方「看我的面子」握手言和。這時所重視的不是誰更有道理，而是我這個調人「面子夠不夠」。孔子之所以討厭鄉愿，說他是「德之賊也」（傷害美德的人），就是擔心這種風氣將會混淆是非。

不過，莊子身為道家，他反對調解辯論的理由，自然不一樣。他最後說出了重點。

莊子說：「辯論是非的聲音是互相對立才形成的，要想化解這樣的對立，就要以『自然的分際』來調和，順應無窮的變化，然後可以安享天年。以自然的分際來調和，又是怎麼回事？就是：是與不是一樣，對與不對一樣。是如果真的是，那麼是與不是的差別就不須爭辯了；對如果真的對，那麼對與不對的差別也不須爭辯了。忘掉生死，忘掉是非，讓一切都止息於無窮，也長處於無窮。」

在此，所謂「自然的分際」是指：與其在言詞及觀念上斤斤計較，不如觀察及理解萬物的變化。也許換個角度及立場，是與不是，對與不對，其實並無差別。若是從整體的眼光看待這一切，將可領悟超然的意趣。莊子喜歡提及「無竟」，亦即無窮無盡的領域，有如我們常說的「退一步，海闊天空」，甚至還可以跨出海與天，抵達無邊無際的自在逍遙境界。

聽了莊子這番話之後，我不但不想做調人，連平常與人辯論的興致都化解於無形了。

◆ ◆ ◆

**《莊子‧齊物論》**（見《莊子解讀》2‧15 p.50）

既使我與若辯矣，若勝我，我不若勝，若果是也？我果非也邪？我勝若，若不吾勝，我果是也？而果非也邪？其或是也，其或非也邪？其俱是也，其俱非也邪？我與若不能相知也。則人固受其黮闇，吾誰使正之？使同乎若者正之，既與若同矣，惡能正之？使同乎我者正之，既同乎我矣，惡能正之？使異乎我與若者正之，既異乎我與若矣，惡能正之？使同乎我與若者正之，既同乎我與若矣，惡能正之？然則我與若與人俱不能相知也，而待彼也邪？化聲之相待，若其不相待，和之以天倪，因之以曼衍，所以窮年也。何謂和之以天倪？曰：是不是，然不然。是若果是也，則是之異乎不是也亦無辯；然若果然也，則然之異乎不然也亦無辯。忘年忘義，振於無竟，故寓諸無竟。

# 8. 權力的傾斜

莊子不願從政做官，因為他深知仕途的險惡。「鐘鼎山林，各有天性」，原本不必勉強。但是，如果以為莊子不了解暴君的作風，那就太冤枉他了。

《莊子．人間世》記載顏回心存仁義，想去勸諫衛國的國君，孔子要他多加考慮，提醒他說：「一個人德行深厚、誠懇老實，卻尚未得到別人的認同；不務虛名、與世無爭，卻尚未得到別人的了解；這時如果堅持在暴君面前暢談仁義規範這一套言論，那就等於用別人的缺點來彰顯自己的優點。這樣做叫做害人。害人者，別人一定反過來害他，你恐怕會被別人所害啊。」

國君與臣下之間的權力關係不是對等的。國君錯十分，臣下只能說三分；反之，臣下一句話說錯，就可能招來殺身之禍。莊子藉孔子之口說的一段話，有如現場轉播，氣氛逼真，其文如後：

「再說，衛君如果喜愛賢能而厭惡不肖之徒，又何必等你去提出不同的看法呢？你除非不發一語，否則一開口勸諫，衛君必定抓住你說話的漏洞，展開他的辯才。那時，你的目光轉為迷惑，臉色變得和緩，說話瞻前顧後，容貌顯得恭順，內心也準備遷就他了。這樣一來，就像用火救火，用水救水，可以叫做越幫越過分。你開始時順著他，以後就永遠如此了。你如果尚未取得信任就直言不諱，一定會慘死在暴君面前啊！」

處在今天自由民主的時代，屬下對老闆建言，當然不會有性命之虞，但是由於權力不對等而形成的委屈，也與這段話所描述的相去不遠。

顏回是孔子的首席弟子，應該可以想出別的辦法。他說：「我外表端莊而內心謙虛，努力行事而意志專一，這樣可以嗎？」孔子認為行不通。

接著，顏回提出最後三招，就是：內直、外曲、成而上比。

首先，所謂「內直」，是向自然看齊。「向自然看齊的人，知道天子與自己都是自然所生的，那麼自己說的話還要在乎別人喜歡或不喜歡嗎？像這樣做，別人會說我是天真的兒童，這叫做向自然看齊。」問題在於：你自以為天真，而國君卻一點都不天真；他若討厭你說的話，你不是要受苦了嗎？事實上，有權力的人與天真心態，往往背道而馳。

其次，所謂「外曲」，是向人們看齊。「參見君王時，拱手、跪拜、鞠躬、屈膝，是做臣子的禮節。別人都這麼做，我敢不這麼做嗎？做別人都做的事，別人也沒有什麼挑剔，這叫做向人們看齊。」這表示一切依禮而行，使國君覺得自己受到尊重，然後願意聽取臣子的建議而善待百姓。

第三，所謂「成而上比」，是指處處引用古人之言，向古人看齊。「這些言詞雖然有教導督責的內容，不過都是古人說的，並非我想出來的。像這樣，即使直言勸諫也不會被詬病。這叫做向古人看齊。」問題在於：國君會在乎古人的言論嗎？他可能不太清楚古人的好壞，甚至會認為古人所言未必可取。

因此，孔子還是認為行不通。接著，孔子指示顏回要做到「心齋」。這一點我們已經介紹過了。顏回果然聞一知十，一聽孔子的解釋就豁然覺悟，明白要化解對自我的執著。孔子嘉許他說：「你可以進入世間的樊籠遊玩，不再為虛名所動；意見能被接納，你就發言；意見不能被接納，你就緘默。沒有執著也沒有成見，一顆心就寄託在『不得已』上，這樣就差不多了。」

面對權力的傾斜關係以及世間的人際互動，都可以從上述資料得到啟發。莊子對「不得已」三字特別珍愛，有如他的修行口訣。「不得已」並非勉強或無奈，而是以智慧判斷行動的條件是否成熟，一旦成熟就順其自然去做。所以，關鍵在於判斷的智慧，而其修養則是心齋所抵達的「虛而待物」的無執狀態。

◆ ◆ ◆

**《莊子・人間世》**（見《莊子解讀》4・2 p.62）

仲尼曰：「且德厚信矼，未達人氣；名聞不爭，未達人心。而彊以仁義繩墨之言術暴人之前者，是以人惡有其美也，命之曰菑人。菑人者，人必反菑之。若殆為人菑夫。且苟為悅賢而惡不肖，惡用而求有以異？若唯無詔，王公必將乘人而鬥其捷。而目將熒之，而色將平之，口將營之，容將形之，心且成之。是以火救火，以水救水，名之曰益多。順始無窮，若殆以不信厚言，必死於暴人之前矣！」

# 9. 蝸角之爭的序曲

美國作家梭羅（H. D. Thoreau）以《湖濱散記》（*Walden*）而為世所知。他為了體驗「能否從容不迫、依最低需求來生活」，一個人在華爾登湖畔建屋獨居二年二個月。附近農夫或商家常問他會不會覺得寂寞。他寫下這段省思來回應：「我們居住的地球全部，在宇宙中不過是個黑點……你想像它上面兩個相隔最遠的人，距離又能有多遠呢？為什麼我會覺得寂寞？」

把地球看成宇宙中的一個黑點，在現代人已經屬於常識了。但是，兩千多年前的莊子居然也能像太空人一樣，看出「中國存在於四海之內，不是像小米粒存在於大穀倉裡嗎？」（《莊子．秋水》）這就是令人讚嘆的洞見了。更重要的是，這種開闊無比的見解將會形成何種人生態度呢？《莊子．則陽》有一段故事，顯示了往上層層提升的探討，從要不要戰爭轉化到心平氣和的結局。

背景是兩個大國之間的盟約。魏惠王（魏瑩）與齊威王（田侯牟）訂立盟約，但是田侯牟違背了承諾；魏瑩大怒，打算派人行刺田侯牟。這個想法說出來之後，公孫衍將軍聽到了，他認為可恥，就說：「您是擁有萬乘兵車的國君，卻用一個平民的手段去報仇。我請求領兵二十萬，替您去攻打他。俘擄他的人民，掠取他的牛馬，使他這個君主內心焦急，背上生瘡，然後消滅他的國家。迫使他逃走，然後鞭打他的後背，折斷他的脊骨。」

莊子身處戰國時代，各諸侯國之間的合縱與連橫大都出於謀略的考量，訂了盟約之後也常有毀約之事。這些國君連弒父弒君的逆行都做得出來，又怎麼可能在意一時的承諾呢？受騙上當的魏瑩就想派個刺客，像平民一般報仇雪恨。但是，將軍基於職責，覺得國君代表國家，於是建議發動戰爭。倒楣的是誰？是兩國的軍人與百姓。兩個國君之間的仇怨，引發兩國之間的戰爭，有這個必要嗎？

季子聽到公孫衍的建議之後，認為可恥，就向魏惠王說：「要建築十仞的城牆，已經完成了七仞，卻又毀壞它，這是服勞役的人覺得痛心的事。現在沒有戰爭已經七年了，這是大王的基業啊。公孫衍是個搗亂的人，不可聽信他的話。」

季子珍惜和平，認為不值得為這件事而毀於一旦。他認為兩國之間的和平關係需要長期經營，而戰爭則不只造成生靈塗炭，還會延續為冤冤相報，不知如何終止。我在此想到：何止兩國之間如此，兩個朋友之間也是如此。法國作家沙特（J. -P. Sartre）與卡繆（A. Camus）曾經一起參加二次大戰期間的地下抗德運動，是生死與共的患難之交。但是，沙特最後與卡繆決裂，他說：「使我們聚合的因素很多，使我們分離的因素很少；但是，這些很少已經是太多了。」卡繆於一九五七年獲得諾貝爾文學獎，沙特於一九六四年獲得同一個大獎。即使如此，他們依然分道揚鑣，可見人際相處之不易。文人絕交，可以做到不出惡聲。但是，國君絕交呢？因此，季子的和平主義值得肯定。

然而，第三個角色出現了。華子聽了季子的建議，認為可恥，就向魏惠王說：「極力主張攻打齊國的，是搗亂的人；極力主張不攻打的，也是搗亂的人；說主張攻打與不攻打是搗亂的人的，還是搗亂的人。」國君說：「那麼，怎麼辦呢？」華子說：「您只求依道而行罷了。」

華子的主張乍聽之下有些奇怪，他批評前面兩種針鋒相對的立場，同時坦承自己的主張也有問題。他究竟在說什麼？事實上，他是響應《莊子·齊物論》裡面對「辯論」這件事的質疑，亦即當兩人辯論時，天下沒有任何人可以擔任裁判，因為裁判本身的立場會形成不公平的結果。華子的意思是：最好是無為。所謂「依道而行」，即是順其自然，不要刻意去做任何事。但是魏惠王怎麼可能領悟這樣的道理呢？

計中國之在海內，不似稊米之在太倉乎？

《**莊子‧秋水**》（見《莊子解讀》17．2 p.242）

◆ ◆ ◆

《**莊子‧則陽**》（見《莊子解讀》25．4 p.394）

魏瑩與田侯牟約，田侯牟背之；魏瑩怒，將使人刺之。犀首公孫衍聞而恥之，曰：「君為萬乘之君也，而以匹夫從讎！衍請受甲二十萬，為君攻之，虜其人民，係其牛馬，使其君內熱發於背，然後拔其國。忌也出走，然後抶其背，折其脊。」季子聞而恥之，曰：「築十仞之城，城者既七仞矣，則又壞之，此胥靡之所苦也。今兵不起七年矣，此王之基也。衍亂人，不可聽也。」華子聞而醜之，曰：「善言伐齊者，亂人也；善言勿伐者，亦亂人也；謂伐之與不伐亂人也者，又亂人也。」君曰：「然則若何？」曰：「君求其道而已矣！」惠子聞之，而見戴晉人。戴晉人曰：「有所謂蝸者，君知之乎？」曰：「然。」「有國於蝸之左角者，曰觸氏；有國於蝸之右角者，曰蠻氏，時相與爭地而戰，伏尸數萬，逐北旬有五日而後反。」君曰：「噫！其虛言與？」曰：「臣請為君實之。君以意在四方上下，有窮乎？」君曰：「無窮。」曰：「知遊心於無窮，而反在通達之國，若存若亡乎？」君曰：「然。」曰：「通達之中有魏，於魏中有梁，於梁中有王。王與蠻氏，有辯乎？」君曰：「無辯。」客出而君惝然若有亡也。客出，惠子見。君曰：「客，大人也，聖人不足以當之。」惠子曰：「夫吹筦也，猶有嗃也；吹劍首者，吷而已矣。堯、舜，人之所譽也；道堯、舜於戴晉人之前，譬猶一吷也。」

# 10. 蝸角之爭的寓言

魏惠王先後聽了公孫衍（主戰）、季子（主和）、華子（主無為）三人的建議，實在不知該聽誰的，因為後面的說法總是超越了前面的看法。這時，惠子（亦即莊子的老友惠施）上場了。他聽說這件事，就為國君引薦戴晉人。

戴晉人是誰？能讓惠子佩服並且願意推薦而沒有戒心的，應該只有莊子一人了。在此，不妨穿插另一段故事。《莊子．秋水》記載：

惠子做梁國（亦即魏國）宰相時，莊子前去拜訪他。有人對惠子說：「莊子來這裡，是想取代你的宰相之位。」於是惠子大為驚慌，連著三天三夜在全國各地搜索莊子。莊子自己去見惠子，對他說：「南方有一種鳥，名叫鵷鶵，你知道嗎？鵷鶵這種鳥，從南海出發，飛向北海，途中不是梧桐樹就不棲息，不是竹子的果實就不吃，不是甘美的泉水就不喝。這時有一隻貓頭鷹抓著腐爛的老鼠，瞥見鵷鶵飛過，就抬頭望著鵷鶵大叫一聲：『嚇！』現在你想用你的梁國來嚇我嗎？」

惠子早就領教過莊子的卓越智慧，他自己與莊子辯論從未占過上風，因此他確實擔心莊子會搶走他的官位。但是他也確實不了解莊子的生命境界是如何高遠。經過這一次的誤會與解釋，惠子終於放心了。因此，當他知道惠王正在舉棋不定時，自然會想要推薦莊子上場了。而莊子，我們也不妨猜測，很可能這時取了一個假名，叫做戴晉人。

戴晉人說：「有一種叫做蝸牛的東西，您知道嗎？」國君說：「知道。」戴晉人說：「有一個國家在蝸牛的左角上，叫做觸氏；另一個國家在蝸牛的右角上，叫做蠻氏。這兩個國家時常為了爭奪土地而打仗，戰死的有幾萬人，勝者追逐敗軍，要十五天才能回來。」國君說：「啊！這是虛構的故事吧？」

戴晉人說：「我來為您證實這件事。依您推測，四方上下有窮盡嗎？」國君說：「沒有窮盡。」戴晉人說：「知道自己的心思可以遨遊於無窮盡的境界，再回過頭看看舟車通達的這塊土地，簡直若有若無吧！」國君說：「是啊！」戴晉人說：「在舟車通達的土地中，有一個魏國，魏國中有一個大梁，大梁中有一個國君。國君您與蠻氏有什麼分別呢？」國君說：「沒有。」

戴晉人辭出之後，國君悵然若有所失。客人走了，惠子晉見。國君說：「這位客人，真是了不起，聖人也不能與他相比。」惠子說：「吹竹管的，聲音還很大；吹劍頭小孔的，就只有絲絲聲了。堯、舜是人們所稱讚的；但是在戴晉人面前談起堯與舜，就好像是絲絲一聲啊！」

惠子向來認為自己的辯才最高明（見《莊子．天下》），但是他知道自己比起莊子差太遠了。還好，莊子對於世俗的名利沒有什麼興趣，所以惠子才敢大膽向國君推薦他。現在的問題是：像莊子一樣真有智慧的人不願意出來從政，只好讓惠子這種好爭好辯的人去做官了，如此一來，天下又怎麼可能上軌道呢？

莊子知道光靠一位好宰相是無法安定天下的，因為他每天努力開導國君就來不及了。他所能做的，是在適當時機描述開闊的境界。西諺有云：「海洋比陸地更大，天空比海洋更大，但是人的心比天空更大。」人的心如何變得比天空更大呢？宋儒說：「大其心，則能體天下之物。」放大心胸，就可以親切體察天下萬物，發現萬物與我原本十分親近，甚至休戚相關、形成一個整體。

一個國家，無異於蝸牛頭上的一角，地球大概無異於一隻蝸牛吧！國家之間何必爭戰不已？焦點轉到人的身上，我們為了名利而參與激烈的競爭時，是否也該停下腳步、敞開胸懷，不要太過計較得失？魏惠王可以明白的道理，我們也可以由此得到一些覺悟。

◆ ◆ ◆

**《莊子．秋水》**（見《莊子解讀》17．14 p.259）

惠子相梁，莊子往見之。或謂惠子曰：「莊子來，欲代子相。」於是惠子恐，搜於國中三日三夜。莊子往見之，曰：「南方有鳥，其名鵷鶵，子知之乎？夫鵷鶵，發於南海而飛於北海，非梧桐不止，非練實不食，非醴泉不飲。於是鴟得腐鼠，鵷鶵過之，仰而視之曰：『嚇！』今子欲以子之梁國而嚇我邪？」

# 11. 紛亂的世間

莊子擅長說話，想像力自然豐富，但是他的理解力更是可觀。在他看來，一般人是怎麼回事呢？

《莊子．齊物論》如此描述：「人們睡覺時心思紛擾，醒來後形體不安，與外界事物糾纏不清，每天勾心鬥角。有人善於偽裝，有人心機深沉，有人思慮細密。小恐懼提心吊膽，大恐懼失魂落魄。他們發動攻擊時，好像射出利箭，專門針對別人的是非來下手；他們按兵不動時，好像賭咒發誓，要求每一次都非勝不可；他們精神衰頹，好像季節步入秋冬，一天天的消沉下去；他們耽溺於自己的所作所為，沒有辦法回復本性；他們頭腦閉塞，好像被箱子封住，越來越老朽枯竭。像這種接近死亡的心態，是無法讓它恢復生機了。」

接著，莊子一口氣列出人們的十二種情緒反應：「他們時而欣喜，時而憤怒，時而悲哀，時而快樂，時而憂慮，時而嘆息，時而反覆，時而恐懼，時而輕浮，時而放縱，時而張狂，時而作態。」依此反省我們及周遭之人的表現，實在不得不佩服莊子入微的觀察。

如此看來，從情緒起伏波動，到利害糾纏不清，這個世界會變好嗎？在提出藥方之前，先要做客觀周全的診斷。在《莊子．漁父》一文中，孔子向漁父請求受教，漁父只是要他先去除「八疵四患」，亦即世間紛亂的困擾所在。

所謂「八疵」，是指人的八種毛病，內容有：「不是自己的事卻要去管，叫做包攬；沒有人理會卻要進言，叫做逞舌；揣摩別人的心意來說話，叫做諂媚；不分辨是非就說話，叫做阿諛；喜歡說別人的壞話，叫做讒言；挑撥朋友，離間親人，叫做賊害；稱讚出於狡詐虛偽，藉此詆毀別人，叫做邪惡；不分辨善惡，兩邊都討好，暗中獲取自己的利益，叫做陰險。」

這八種毛病中，除了包攬與陰險之外，其餘六種都與「說話」有關，可見口舌是非多。人若管不好自己的一張口，還能談什麼人生價值？孔子認為「剛毅木訥，近仁」（《論語．子路》），其中強調「木訥」（說話謹慎，好像口才很差似的），可謂所見略同。因此，修養的第一步，就是每當自己要張口說話時，都要先省察自己有無「逞舌、諂媚、阿諛、讒言、賊害、邪惡」的嫌疑，亦即要先檢討自己的心術是否正當。漁父在講完這八疵之後，加上一句結語，他說：「這八種毛病，對外會擾亂別人，對內會傷害自己，君子不與這樣的人做朋友，明君不用這樣的人做臣子。」

其次，所謂「四患」，是指處事時的四種禍患，內容包括：「喜歡辦理大事，改變常理常情，以此謀求功名，叫做放肆；仗恃聰明而擅自行事，侵害別人而師心自用，叫做貪婪；有了過錯卻不肯改正，聽人勸諫則變本加厲，叫做固執；別人與自己意見相同就認可，與自己意見不同就算是對的也說他錯，叫做傲慢。」

像「放肆、貪婪、固執、傲慢」這四患，其根源都是自我中心與自我膨脹。西方中世紀有七大死罪之說，所指為「驕傲、貪財、貪吃、好色、憤怒、嫉妒、懶惰」，這些死罪的根源也是盲目而偏差的自我觀念，為了自己的需求而罔顧別人的權益，甚至不惜把自己的快樂建立在別人的痛苦上。

若想消滅這「八疵四患」的困擾，又該從何處入手？漁父的建議是：「有人害怕影子，厭惡足跡，想要擺脫而逃跑的，跑得越多足跡也越多，跑得越快影子卻不離身，他自以為速度太慢，因此快跑不停，最後力竭而死。他不知道處於陰暗就可以讓影子消失，處於靜止就可以讓足跡不見，實在太愚笨了。」

世間紛紛擾擾，若想取得富貴，恐怕難以避免上述一系列描述，直到陷入八疵四患的困擾中。那麼，何不稍安勿躁，靜下來傾聽並且琢磨莊子的意見？

◆ ◆ ◆

**《莊子．齊物論》**（見《莊子解讀》2．3 p.31）

其寐也魂交，其覺也形開，與接為構，日以心鬥。縵者、窖者、密者。小恐惴惴，大恐縵縵。其發若機栝，其司是非之謂也；其留如詛盟，其守勝之謂也；其殺若秋冬，以言其日消也；其溺之所為之，不可使復之也；其厭也如緘，以言其老洫也；近死之心，莫使復陽也。

**《莊子．漁父》**（見《莊子解讀》31．2 p.473，31．3 p.475）

且人有八疵，事有四患，不可不察也。非其事而事之，謂之摠；莫之顧而進之，謂之佞；希意道言，謂之諂；不擇是非而言，謂之諛；好言人之惡，謂之讒；析交離親，謂之賊；稱譽詐偽以敗惡人，謂之慝；不擇善否，兩容顏適，偷拔其所欲，謂之險。此八疵者，外以亂人，內以傷身，君子不友，明君不臣。所謂四患者：好經大事，變更易常，以挂功名，謂之叨；專知擅事，侵人自用，謂之貪；見過不更，聞諫愈甚，謂之很；人同於己則可，不同於己，雖善不善，謂之矜。此四患也。能去八疵，無行四患，而始可教已。」

人有畏影惡跡而去之走者，舉足愈數而跡愈多，走愈疾而影不離身，自以為尚遲，疾走不休，絕力而死。不知處陰以休影，處靜以息跡，愚亦甚矣！

# 12. 修練入門

在認清人心的奇妙之後，有什麼具體辦法可以用來進行修練呢？《莊子．庚桑楚》建議從四個方面入手，每一方面各有六個項目要留意。這一套說法簡稱為「四六」，值得介紹並稍加分析。

莊子所謂四個方面是：「疏導志向的迷惑，解開心思的束縛，拋棄天賦的拖累，打通大道的阻塞。」看起來，這是由外及內，再由下往上的修行次序。

首先，迷惑我們志向的是什麼？是「尊貴、富有、顯赫、威嚴、名聲、利祿」。這不正是我們一般人所嚮往的名利權位嗎？擁有這些條件，自覺高人一等，好像於願足矣。但是，要不要考慮手段的正當性呢？取得各種優勢之後，還能平靜度日嗎？萬一失去了它們，人生還剩下什麼？會不會後悔莫及呢？

其次，束縛我們心思的是什麼？是「容貌、舉止、面色、情理、血氣、意念」。人的志向也許遙不可及，但是心思則是當下的，並且常在變化之中。試問，我們在與別人相處時，心思是怎麼轉的？一個容貌端莊、舉止文雅的人，很容易贏得我們的信賴；看到別人面色憔悴、說話不合情理，我們自然印象惡劣；至於血氣的浮動、意念的紛亂，都會影響我們的判斷，以致心思受到束縛而焦躁不安。

接著，拖累我們天賦的是什麼？是「厭惡、愛好、喜悅、憤怒、悲哀、歡樂」。這正是我們常說的「喜怒哀樂」加上「惡欲」這六種情緒反應。所謂天賦，是指我們與生俱有的本性與稟賦，如果沒有情緒的起伏波動，就很容易處於平靜和諧的狀態。

最後，阻塞我們走向大道的又是什麼呢？是「去職、就任、取得、給與、智巧、才幹」。這六項涉及了得失利害的計較，讓人以為短短的一生、眼前的成敗就代表了一切，以致完全無視於萬物的起源與歸宿，亦即完全忘了還有大道的存在。

莊子列舉上述四組六項的干擾之後，做出重要的結論。他說：「這四種各六項不在心中激盪，就會心正，心正就會安靜，安靜就會澄明，澄明就會虛空，虛空就無所作為，同時沒有什麼事做不成的。」由此可知，修練的方法是：不受「四六」操控，再由正而靜，由靜而明，由明而虛。到了虛的下一步，則是「無為而無不為」了。「無為」是指無心而為，順勢而行，然後所有該做的事情都自然而然地完成了。

從這裡可以回溯莊子所強調的「心齋」之說。《莊子．人間世》藉孔子之口教導顏回說：「你心志專一，不要用耳去聽，要用心去聽；不要用心去聽，要用氣去聽。耳只能聽見聲音，心只能了解現象。至於氣，則是空虛而準備回應萬物的。只有在空虛狀態中，道才會展現出來。空虛狀態，就是心的齋戒。」

這一段描述最難理解的是「要用氣去聽」。這種聽根本不是聽，而是以空虛狀態來「準備回應萬物」。意思是：我沒有任何預設立場，也不去判斷自己聽到什麼，或者自己喜不喜歡所聽到的；我要讓聲音像風一樣，聽到風聲，卻不知道它從哪裡來，或它將吹往何處；有聲就像無聲，無聲亦如有聲，我只是單純地接受一切。

心齋所形成的空虛狀態，還有一個最神奇的效果，就是「道」將會展現出來。莊子身為道家的代表，他的著述目的無非是向世人說明「道」是怎麼一回事，以及如何可以悟道，並且悟道之後將會產生何種妙境。

原來，我們的心除了一般的認知及思考能力之外，還有豐富的潛能，可以經由心齋的修練而呈現出一種特殊狀態，讓道在其中展現出來。這樣的道，實在不是言語可以清楚描述的。道家固然強調覺悟，但是若無適當的修練，一切將只是空中樓閣而已。

◆ ◆ ◆

**《莊子．庚桑楚》**（見《莊子解讀》23．8 p.361）

徹志之勃，解心之謬，去德之累，達道之塞。貴富顯嚴名利六者，勃志也。容動色理氣意六者，謬心也。惡欲喜怒哀樂六者，累德也。去就取與知能六者，塞道也。此四六者不盪胸中則正，正則靜，靜則明，明則虛，虛則無為而無不為也。

**《莊子．人間世》**（見《莊子解讀》4．5 p.67）

仲尼曰：「若一志，無聽之以耳而聽之以心；無聽之以心而聽之以氣。耳止於聽，心止於符。氣也者，虛而待物者也。唯道集虛。虛者，心齋也。」

# 13. 何去何從

人生是由一系列的選擇所構成的，選擇時所參考的優先順序就形成了一套價值觀。我們在社會中生活，自然接受大家都認可的價值觀，但是這樣的價值觀是否正確呢？譬如，有錢比貧窮好，美麗比醜陋好，但是真是如此嗎？道家擅長從「整體」看問題，往往得到不同的結論。莊子的說法可以為證。

《莊子．列禦寇》有「八極、三必、六府」之說，聽來不免讓人訝異。首先，「八極」是說「窮困有八種極端」，就是：「貌美、鬚長、身高、魁武、強壯、華麗、勇猛、果敢，這八項都超過一般人，就會受到役使而窮困。」這八項條件明明就是優點，怎麼變成缺陷了呢？因為擁有這些條件的人難免走上「能者多勞」的途徑，一生為人群服務，有如奴隸一般，這不是窮困之至嗎？當然，表面上也許他們享有富貴榮華，但是莊子所重視的是自在的生活，如果為了世俗的利益而放棄自我的安適，則是得不償失。

其次，「三必」是說「通達有三種必然」，就是：「依賴外物、卑屈從人、懦弱畏懼，有這三項不如別人，就會遇事通達。」這是故意講反話，還是真有其道理？莊子向來強調「順人而不失己」，讓別人去出頭，自己則順應形勢的變化，反而容易獲得保存，甚至平安長久，這不是通達嗎？接著，「六府」是說「刑罰有六種內容」，就是：「智巧與捷悟則會追逐外物，勇猛與浮動則會多招怨恨，行仁與尚義則會多受責備，這六者將會給人帶來刑罰。」像智巧、捷悟、勇猛、浮動、行仁、尚義，原本都是成就事業的利器，現在卻可能遭到刑罰，這是什麼緣故？俗話說：「聰明反被聰明誤。」凡是競爭激烈之處，越強的也越易陷入困境，越弱的反而不受干擾，可以安其天年。

且以大家最易羨慕的錢財為例，《莊子．盜跖》有一段描述富人的六大困境，聽來真要讓我們為富人一掬同情之淚了。為了清楚起見，以下分段說明其內容。

一、「現在的富人，耳聽鐘鼓管籥的聲音，口嚐牛羊美酒的滋味，暢快他的心意，遺忘他的正業，可以說是迷亂了。」這種迷亂使人不知今夕何夕，耽溺於享樂而無法自拔。

二、「耽溺於盛氣中，好像負重走上山坡，可以說是勞苦了。」財大氣粗或氣勢壓人，其實是很辛苦的事，隨時處在警戒狀態，好像擔心別人勝過自己。

三、「貪財而弄到生病，貪權而筋疲力竭，靜居則沉溺其中，體壯則盛氣凌人，可以說是患病了。」這種人真的生病或憔悴不堪，也是常見的事。

四、「為了求富爭利，財貨堆積得像牆一樣高，也不知收斂，還要貪得無厭，可以說是恥辱了。」有錢人欲望無窮，這就讓他們陷於「有所求必有所待」的弱者處境。

五、「錢財聚積而不用，專意營求而不捨，滿心煩惱，還在貪求不止，可以說是憂慮了。」有錢人的煩惱遠非我們所能想像，這一切都出自貪念。

六、「在家就擔心小偷打劫，出外就害怕強盜傷害，在家嚴密防守，出門不敢獨行，可以說是恐懼了。」我們不是沒有類似的考慮，但離開這樣的恐懼還很遠。

莊子最後總結說：「這六種情況（亂、苦、疾、辱、憂、畏），是天下最大的災害，大家都遺忘而不知詳察，等到禍患來臨時，想要挖空心思、用盡錢財，只求過一天平安的日子也不可得。所以，從名聲上說看不到，從利益上說得不著，還要委屈身心去爭取這些情況，豈不是迷惑嗎？」

上述說法顯然不是憑空幻想，那麼我們一般人應該何去何從呢？難道真的要學習莊子那種安貧樂道嗎？萬一安貧而未能樂道的話，又如何長期安於貧窮呢？或者，莊子只是提醒我們「無心而為」，做該做的事，而不必存著特定的目的？只要不把世俗的價值觀當成目的去追求，不會為了這些利益而犧牲真實的自我，那麼富貴於我何有哉？

◆ ◆ ◆

**《莊子．列禦寇》**（見《莊子解讀》32．7 p.488）

窮有八極，達有三必，形有六府。美、髯、長、大、壯、麗、勇、敢，八者俱過人也，因以是窮。緣循，偃佒，困畏，三者不若人，俱通達。知、慧外通，勇、動多怨，仁、義多責，六者所以相形也。

**《莊子．盜跖》**（見《莊子解讀》29．10 p.463）

今富人，耳營鐘鼓筦籥之聲，口嗛於芻豢醪醴之味，以感其意，遺忘其業，可謂亂矣；侅溺於馮氣，若負重行而上也，可謂苦矣；

貪財而取慰，貪權而取竭，靜居則溺，體澤則馮，可謂疾矣；為欲富就利，故滿若堵耳而不知避，且馮而不舍，可謂辱矣。財積而無用，服膺而不舍，滿心戚醮ㄐㄧㄠ，求益而不止，可謂憂矣；內則疑劫請之賊，外則畏寇盜之害，內周樓疏，外不敢獨行，可謂畏矣。此六者，天下之至害也，皆遺忘而不知察，及其患至，求盡性竭財，單以反一日之無故而不可得也。故觀之名則不見，求之利則不得，繚意絕體而爭此，不亦惑乎？」

# 14. 再談何去何從

為什麼不應該依循世俗觀念去追逐富貴呢？莊子並非盲目反對一般人的想法，而是期許我們分辨輕重本末。《莊子·讓王》記載顏闔婉拒魯君送來錢財之後，繼續評論此事說：「當聖人有所動作時，一定要看清楚他設定的目標與採取的方法。如果有人在此，用隨侯的寶珠去射高飛的麻雀，世人一定會取笑他。為什麼呢？因為他所用的東西貴重，而所要的東西輕賤。談到生命，難道不比隨侯的寶珠更貴重嗎？」

生命可貴，所以不宜耗費時間與力氣去謀求財富。那麼，到底謀取什麼對象才是合適的？

莊子對儒家的選擇也有清楚的認識。以曾子為例，他就認為孝順比財富更為重要。《莊子．寓言》記載如下：曾子第二次做官時，心境又起了變化。他說：「我先前做官時可以奉養雙親，只有三釜的俸祿而心裡很快樂；後來做官時，有三千鍾（這是三釜的一萬倍）的俸祿而不及奉養雙親，我心裡很難過。」

弟子請教孔子說：「像曾參這樣，可以說心中沒有牽掛著利祿吧？」孔子說：「已經有所牽掛了。如果是無所牽掛的人，哪裡會有哀傷呢？他看待三釜、三千鍾，有如看到鳥雀、蚊虻從眼前飛過去一樣。」

在此，孔子所代表的是莊子，因為孔子過世時，曾參才二十六歲，怎麼可能已經兩度做官，又增加了一萬倍的待遇？莊子的意思是：儒家以孝順為重，那麼就不必在乎待遇多少，因為父母所需要的不是金錢，而是子女的體貼照顧。由此可見，莊子也認同孝順優於錢財，並且真正的孝順不是錢財所能決定的。

這裡出現了轉折點。莊子對於世俗所珍惜的價值，是否可以欣賞呢？

答案是肯定的。《莊子．天地》記載堯去華地遊覽時，華封人祝福他「長壽、富有、多生男子」，結果堯都加以推辭，理由是：「多生男子就多恐懼，富有就多麻煩，長壽就多屈辱。三樣東西都不能用來涵育天賦，所以我要推辭。」

華封人對這三樣東西反而提出正面的觀點。他說：「天地生養萬民，一定會授與職務。多生男子就分別授與職務，有什麼好恐懼的？富有就讓別人來分享，又有什麼麻煩呢？」接著，談到長壽，就說得較多了。

華封人繼續說：「聖人隨遇而安，飲食簡單，就像飛行的鳥不留痕跡。天下有道，就與萬物共同發展；天下無道，就在閒居中修養天賦。活了一千年，覺得夠久了，就離開人間登上仙境，乘著白雲飄到仙鄉。世人擔心的『老、病、死』三種禍患都不會降臨，自身常保無災無難，又有什麼屈辱呢？」

換言之，莊子並不排斥「壽、富、多男子」，因為這些也可能是順其自然的結果。若是強加排斥，不也是一種執著嗎？其中，關於富與多男子的考慮，尚且不難理解；但是關於壽的那一段描寫，像「活了一千年」、「離開人間登上仙境，乘著白雲飄到仙鄉」，就顯然是指某種心靈境界而言，不可能真有其事。那麼，莊子的用意是什麼？

《莊子．天道》有一段描寫「至人」（最高境界的人），可以作為參考。「至人擁有天下，天下不是很大嗎？卻不足以成為他的負擔。天下人爭奪權柄，他不會同流合污；但處於無所假借的狀態，因而不隨萬物轉移；他窮究事物的真相，能夠把握住根本。所以他超越天地，遺忘萬物，而精神未嘗有任何困擾。」

我們在思索何去何從的問題時，首先要分辨輕重，以免遭到「隨侯之珠」的嘲笑；其次要使自己安心，此時孝順又何嘗不可？而最重要的則是不須排除任何價值，但是務必努力做到「精神未嘗有任何困擾」。能做到這一點，何去何從就不再是一個問題了。

◆ ◆ ◆

**《莊子．讓王》**（見《莊子解讀》28．5 p.434）

凡聖人之動作也，必察其所以之與其所以為。今且有人於此，以隨侯之珠彈千仞之雀，世必笑之。是何也？則其所用者重而所要者輕也。夫生者，豈特隨侯之重哉！

**《莊子．寓言》**（見《莊子解讀》27．3 p.424）

曾子再仕而心再化，曰：「吾及親仕，三釜而心樂；後仕，三千鍾不洎，吾心悲。」弟子問於仲尼曰：「若參者，可謂無所縣其罪乎？」曰：「既已縣矣。夫無所縣者，可以有哀乎！彼視三釜、三千鍾，如觀雀蚊虻相過乎前也。」

**《莊子．天地》**（見《莊子解讀》12．6 p.179）

堯觀乎華。華封人曰：「嘻，聖人！請祝聖人，使聖人壽。」堯曰：「辭。」「使聖人富。」堯曰：「辭。」「使聖人多男子。」

堯曰：「辭。」封人曰：「壽、富、多男子，人之所欲也。女獨不欲，何邪？」堯曰：「多男子則多懼，富則多事，壽則多辱。是三者，非所以養德也，故辭。」封人曰：「始也我以女為聖人邪，今然君子也。天生萬民，必授之職。多男子而授之職，則何懼之有！富而使人分之，則何事之有！夫聖人鶉居而鷇食，鳥行而無彰；天下有道，則與物皆昌；天下無道，則修德就閒。千歲厭世，去而上僊，乘彼白雲，至於帝鄉；三患莫至，身常無殃，則何辱之有！」封人去之，堯隨之，曰：「請問。」封人曰：「退已！」

**《莊子・天道》**（見《莊子解讀》13．9 p.209）

夫至人有世，不亦大乎，而不足以為之累。天下奮込而不與之偕；審乎無假而不與利遷，極物之真，能守其本。故外天地，遺萬物，而神未嘗有所困也。

# 15. 虛幻人生

莊子認為萬物都是「氣」的變化，因此對於生死不必過度執著。但是，既然人已經存在了，還是應該珍惜生命。他的基本立場是：「善於養生的，不會贏得長壽的虛名；不善於養生的，也不會走到傷殘的地步。順著虛靜的自然之理，以此為原則，將可以保護身體，可以保全天性，可以培養活力，可以安享天年。」（〈養生主〉）

一般人不明白這樣的道理，處於戰國時代的亂世，又汲汲於追求名利，一但遇到挫折，就可能糟蹋自己的生命了。《莊子．說劍》是一篇短篇小說，描述趙文王喜好劍術，劍士聚集在門下當食客的有三千多人。他們日夜在大王面前比武，每年死傷的有一百多人，而大王仍然喜好不倦。像這樣過了三年，國勢衰落，諸侯都準備奪取趙國。

太子想要化解這種危機，想盡辦法找到莊子，希望他去說服趙王。莊子特地為此換上劍士的服裝，兩句話就唬住了趙王。一是：「臣的劍，十步之內殺一個人，千里之遠沒有人擋得住。」二是：「用劍之道，要故意露出破綻，給予可乘之機，後於敵人發動，先於敵人擊中。」

等到真的要上場時，莊子居然發表演說，暢談他的三把劍，亦即：天子之劍、諸侯之劍與平民之劍。他對前面兩把劍的描述使大王聽得如醉如痴。至於平民之劍，則被說成「與鬥雞沒有什麼不同，一旦喪命，對國家毫無用處」。大王聽出莊子的用意，心情激動不能自已，總算是覺悟了。然後，結局如何呢？「於是文王三個月不出宮門，劍士都在住所自殺而死。」這是莊子書中集體自殺的例子。

《莊子．列禦寇》記載了一則儒生自殺的例子。原文如下：「鄭國有個人，名叫緩，在裘氏的地方讀書。過了三年緩就成了儒者，他像河水一般，滋潤著方圓九里之內的人，恩澤推及父、母、妻三族，並且讓他的弟弟成為墨者。儒者與墨者辯論時，他的父親幫助墨者這邊。十年後，緩自殺了。他的父親夢見他說：『讓你的兒子成為墨者的，是我。為什麼不去看看我的墳墓，上面種的秋柏已經結果子了。』」

這真是一齣家庭悲劇。緩自己是儒者（別忘了，儒家是反對自殺的），他培養弟弟成為墨者；後來，父親站在墨者這一邊，使他痛苦不堪，竟至走上自殺的不歸路。這可能是因為儒者重視親情，而緩同時失去了父子之情與兄弟之情，真是情何以堪！緩的父親也確實狠心，連緩的墳墓都不願去憑弔思念一番。由此可知，一家人若是觀念與信仰差異太大，有時可能形成無解之結，讓人深感遺憾。

此外，有些人因為頭腦不清而冤枉至死，也與自殺無異。《莊子・外物》記載：「演門有個雙親過世的人，因為悲傷過度、形容枯槁而被封為官師；鄉人學他哀傷守孝，結果死了一大半人。」這些所謂的鄉人，想藉守孝的表現而得到官位，也可算是「壯志未酬身先死」的某種例證了。本末倒置一至於此，徒然使人長嘆。

只有一種自殺，是莊子不忍批評的。《莊子．讓王》記載商湯討伐夏桀之後，想把王位讓給卞隨，誰知卞隨覺得那是一種莫大的羞辱，他就為了「自己被誤以為是想當天子的人」而活不下去，居然投河自盡了。接著商湯又想把王位讓給務光，務光的反應同樣激烈，竟「背著石塊自溺於廬水」。至於伯夷與叔齊，在看到周武王取代商朝之後，也不願意苟存性命，逃到首陽山上「不食周粟」而餓死了。這些人的志趣極為高潔，視別人的推崇無異於侮辱，為了守住清譽而放棄了他們認為混濁不堪的世間。

幸好，今天像「讓王」這種事不太可能發生；即使發生了，也不太可能引起莊子所描述的後果。所以，我們閱讀莊子書中有關自殺的故事，還不致誤以為他會贊成這種行為。人生是虛幻的嗎？如果領悟了「道」，人生再真實也不過。如果離開了「道」，那就很難說了。

◆ ◆ ◆

**《莊子．養生主》**（見《莊子解讀》3．1 p.54）

為善無近名，為惡無近刑。緣督以為經，可以保身，可以全生，可以養親，可以盡年。

**《莊子．說劍》**（見《莊子解讀》30．1 p.466，30．2 p.468）

昔趙文王喜劍，劍士夾門而客三千餘人，日夜相擊於前，死傷者歲百餘人，好之不厭。如是三年，國衰，諸侯謀之。太子悝（ㄎㄨㄟˋ）患之，募左右曰：「孰能說王之意止劍士者，賜之千金。」左右曰：「莊子當能。」……王曰：「子欲何以教寡人，使太子先？」曰：「臣聞大王喜劍，故以劍見王。」王曰：「子之劍何能禁制？」曰：「臣之劍，十步一人，千里不留行。」王大說之，曰：「天下無敵矣！」莊子曰：「夫為劍者，示之以虛，開之以利，後之以發，先之以至。願得試之。」王曰：「夫子休，就舍。待命令設戲請夫子。」……王乃牽而上殿。宰人上食，王三環之。莊子曰：「大王安坐定氣，劍事已畢奏矣。」於是文王不出宮三月，劍士皆服斃其處也。

**《莊子．列禦寇》**（見《莊子解讀》32．2 p.482）

鄭人緩也，呻吟裘氏之地。祇三年而緩為儒，河潤九里，澤及三族，使其弟墨。儒墨相與辯，其父助翟。十年而緩自殺。其父夢之曰：「使而子為墨者，予也。闔胡嘗視其良，既為秋柏之實矣？」

**《莊子．外物》**（見《莊子解讀》26．10 p.419）

演門有親死者，以善毀爵為官師，其黨人毀而死者半。

# 16. 沉思死亡

哲學是對人生經驗做全面的反省。既然是全面，自然不能忽略死亡這個重要的關卡。莊子是哲學家，他對死亡有何卓見？在《莊子．至樂》中，他親自上陣與一副骷髏頭對話。首先談到的是人死的五種原因，充分反映了戰國時代的混亂與危機。

莊子來到楚國，看見路邊有一副空的骷髏頭，形體已經枯槁。莊子用馬鞭敲敲它，然後問說：「你是因為貪圖生存、違背常理，才變成這樣的嗎？還是因為國家敗亡、慘遭殺戮，才變成這樣的？還是因為作惡多端，慚愧自己留給父母妻子恥辱而活不下去，才變成這樣的？還是因為挨餓受凍的災難，才變成這樣的？還是因為你的年壽到了期限，才變成這樣的？」

這五種死因之中，只有最後一種算是常態現象。由此可見，當時有不少人是死於非命。不過，既然是路邊枯骨，可想而知是未得善終。莊子說完這一段話之後，就拉過骷髏頭當作枕頭，睡起覺來。

到了半夜，骷髏頭進入莊子夢中，為他描述死人的情況：「人死了，上沒有國君，下沒有臣子，也沒有四季要料理的事，自由自在與天地並生共存；就算是南面稱王的快樂，也不能超過它啊！」在此，與其說莊子肯定死亡勝於生存，不如說他想破除一般人執著於生存的意念。

《莊子．齊物論》說得很清楚：「我怎麼知道貪生不是迷惑呢？我怎麼知道怕死不是像幼年流落在外而不知返鄉那樣呢？麗姬是艾地邊疆官的女兒。晉國國君要迎娶她的時候，她哭得眼淚沾溼了衣襟；等她進了王宮，與晉王同睡在舒適的大床上，同吃著美味的大餐，這才後悔當初不該哭泣。我怎麼知道死去的人不後悔自己當初努力求生呢？」對於未知之事，誰不覺得惶恐？但是想一想這個世界的種種煩惱，如果真到了不得已要離開的時候，確實應該坦然一些。

如果對人生採取批判的觀點，則《莊子．盜跖》藉大盜之口所做的描述最為透澈，盜跖對孔子說：「現在我來告訴你人的實況。眼睛想看到色彩，耳朵想聽到聲音，嘴巴想嚐到味道，志氣想得到滿足。人生在世，上壽一百歲，中壽八十歲，下壽六十歲，除了病痛、死喪、憂患之外，其中開口歡笑的時刻，一個月裡也不過四、五天而已。天地的存在無窮無盡，人的生死卻有時限；以有限的身體，寄託於無限的天地之間，匆促的情況無異於快馬閃過空隙一樣。凡是不能讓自己的心思與情意覺得暢快，好好保養自己壽命的人，都不是通曉大道的人。」

《莊子．知北遊》有類似的說法，就是：「人活在天地之間，就像白馬飛馳掠過牆間的小孔，只是一剎那罷了。」不過，此處對於生死的描述更為完整，原文如後：

「蓬蓬勃勃，一切都出生了；昏昏蒙蒙，一切都死去了。既由變化而出生，又由變化而死去，生物為此哀傷，人類為此悲痛。解下自然的弓袋，丟棄自然的劍囊，移轉變遷，魂魄要離開時，身體也跟著走了，這就是回歸大本啊！」在此，所謂自然的弓袋與劍囊，是指自然所賦與的外在形貌。若能消解這些形貌，則萬物在本質上只是一氣而已。

同樣在〈知北遊〉中，可以念到一段精彩的文字：「生是死的同類，死是生的開始，誰知道其中的頭緒！人的出生，是氣的聚合；氣聚則生，氣散則死。如果死生是同類的，我又有什麼好擔心的呢？所以萬物是一體的。人們把欣賞的東西稱為神奇，把厭惡的東西稱為腐朽；腐朽可以再化為神奇，神奇可以再化為腐朽。所以說：『整個天下，是一氣貫通的。』」既然如此，我們應該化解對死亡的恐懼，然後在有限的生命中培養覺悟的能力，亦即明白：氣的最後根源即是「道」。

◆　◆　◆

**《莊子．至樂》**（見《莊子解讀》18．5 p.267）

莊子之楚，見空髑髏，髐然有形。撽以馬捶，因而問之曰：「夫子貪生失理，而為此乎？將子有亡國之事、斧鉞之誅，而為此乎？將子有不善之行，愧遺父母妻子之醜，而為此乎？將子有凍餒之患，而為此乎？將子之春秋故及此乎？」……髑髏曰：「死，無君於上，無臣於下，亦無四時之事，從然以天地為春秋，雖南面王樂，不能過也。」

**《莊子．齊物論》**（見《莊子解讀》2．14 p.48）

予惡乎知說生之非惑邪！予惡乎知惡死之非弱喪而不知歸者邪！麗之姬，艾封人之子也。晉國之始得之也，涕泣沾襟。及其至於王所，與王同筐床，食芻豢，而後悔其泣也。予惡乎知夫死者不悔其始之蘄生乎？

**《莊子・盜跖》**（見《莊子解讀》29・5 p.455）

今吾告子以人之情，目欲視色，耳欲聽聲，口欲察味，志氣欲盈。人上壽百歲，中壽八十，下壽六十，除病瘦死喪憂患，其中開口而笑者，一月之中不過四五日而已矣。天與地無窮，人死者有時，操有時之具，而託於無窮之間，忽然無異騏驥之馳過隙也。不能說其志意、養其壽命者，皆非通道者也。

**《莊子・知北遊》**（見《莊子解讀》22・7 p.334，22・2 p.328）

人生天地之間，若白駒之過郤，忽然而已。注然勃然，莫不出焉；油然漻然，莫不入焉。已化而生，又化而死。生物哀之，人類悲之。解其天弢，墮其天袟，紛乎宛乎，魂魄將往，乃身從之，乃大歸乎！

生也死之徒，死也生之始，孰知其紀！人之生，氣之聚也。聚則為生，散則為死。若死生為徒，吾又何患！故萬物一也。是其所美者為神奇，其所惡者為臭腐；臭腐復化為神奇，神奇復化為臭腐。故曰：「通天下一氣耳。」

## 17. 面對死亡

關於死亡，哲學家總能說出一番道理，但是千言萬語也比不上具體的檢驗。當他面對親人的死亡，或者他自己面臨死亡的威脅時，能否展現言行一致的風範？希臘哲學家蘇格拉底（Socrates）留給世人最深的印象，不是他以街頭談話撼動了昏睡的雅典民心，而是他在獄中等待死亡降臨時，依然談笑自若的悲壯畫面。

莊子的表現如何？他一生窮困，自己固然可以大而化之，但是妻子與子女也要跟著受苦。時代環境如此，只能徒呼奈何！終於，大限已屆。莊子的妻子死了，惠子前來弔喪。這時莊子正蹲在地上，一面敲盆一面唱歌。惠子自然詫異不解，責怪他說：「你與妻子一起生活，她把孩子撫養長大，現在年老身死，你不哭就罷了，竟然還要敲著盆子唱歌，不是太過分了嗎？」

這是出於《莊子．至樂》的一段資料，惠子其實是代表所有的人提出質疑。莊子如何答覆呢？他說：

「不是這樣的。當她剛死的時候，我又怎麼會不難過呢？可是我省思之後，察覺她起初本來是沒有生命的；不但沒有生命，而且沒有形體；不但沒有形體而且沒有氣。然後在恍恍惚惚的情況下，變出了氣，氣再變化而出現形體，形體再變化而出現生命，現在又變化而回到了死亡，這就好像春夏秋冬四季的運行一樣。這個人已經安靜地睡在天地的大房屋裡，而我還跟在一旁哭哭啼啼。我以為這樣是不明白生命的道理，所以停止哭泣啊！」

莊子的意思是：生死有如四季運行，是循環不已的，我們何必對四季有任何情緒反應？不僅如此，「死生的變化，就像晝夜的輪替一樣」。這似乎是主張生死乃是「相反相生」的。唯有共同處在一個整體中，才可對生死做這樣的理解。事實上，使人困惑的，不是有生之物注定會死，而是已死之物如何再生？萬物循環出現，沒有人會在意眼前這朵花是否去年所見的某一朵花的再生；但是也沒有人不關心：我這個生命將來「真的」會再生嗎？

莊子側重整體觀點，想要以此消解個人生命是否再現的問題。他在〈田子方〉藉老聃之口說：由天地發出至陰之氣與至陽之氣，這兩種氣「互相交通融合就產生了萬物，也許有什麼力量在安排秩序，卻又看不見它的形體。萬物有消有長，時滿時虛，夜暗晝明，日遷月移，每天都有些作為，卻看不到任何功績。出生，有它的源頭；死亡，有它的歸宿；始與終相反而沒有開端，也不知將止於何處。如果不是這樣，又有誰是這一切的主宰呢？」

就人類經驗所及，理性思考大概只能說到此處。如果還要深入解釋，莊子大概就會像儒家的孔子一樣，請你去想一想「未知生，焉知死？」

（《論語．先進》）的道理。你若無法珍惜此生，那麼就算給你無數次的來世，又有什麼意義？至於如何才算是莊子所認可的珍惜此生，則有待另文討論。

終於，莊子自己天年已盡。《莊子．列禦寇》記載了此事。莊子臨終的時候，弟子們想要厚葬他。莊子說：「我把天地當作棺槨，把日月當作雙璧，把星辰當作珠璣，把萬物當作殉葬，我陪葬的物品難道不齊備嗎？有什麼比這樣更好的！」古代葬禮，要準備「棺槨、連璧、珠璣、齎送」，才能算是理想。莊子認為自己一應俱全，沒有任何缺乏。

弟子說：「我們擔心烏鴉與老鷹會把老師吃掉。」莊子說：「在地上會被烏鴉與老鷹吃掉，在地下會被螻蟻吃掉；從那邊搶過來，送給這邊吃掉，真是偏心啊！」

以這種輕鬆而詼諧的口吻談論自己身後之事的，恐怕古今中外都十分罕見。更重要的是，莊子這麼說不是故作瀟灑，而是基於他的道家哲學所推演出的合理結論。「道」是萬物的來源與歸宿，是唯一的整體。只要覺悟了什麼是道，連生死都可以淡然處之，因為那是合乎自然的變化。明白這種變化，才有逍遙之樂可言。

◆◆◆

**《莊子・至樂》**（見《莊子解讀》18．3 p.265）

莊子妻死，惠子弔之，莊子則方箕踞鼓盆而歌。惠子曰：「與人居，長子老身，死不哭亦足矣，又鼓盆而歌，不亦甚乎！」莊子曰：「不然。是其始死也，我獨何能無概然！察其始而本無生；非徒無生也，而本無形；非徒無形也，而本無氣。雜乎芒芴之間，變而有氣，氣變而有形，形變而有生，今又變而之死，是相與為春秋冬夏四時行也。人且偃然寢於巨室，而我噭噭然隨而哭之，自以為不通乎命，故止也。」

**《莊子・田子方》**（見《莊子解讀》21．4 p.315）

至陰肅肅，至陽赫赫。肅肅出乎天，赫赫發乎地；兩者交通成和而物生焉，或為之紀而莫見其形。消息滿虛，一晦一明，日改月化，日有所為，而莫見其功。生有所乎萌，死有所乎歸，始終相反乎無端，而莫知乎其所窮。非是也，且孰為之宗？

**《莊子．列禦寇》**（見《莊子解讀》32．10 p.491）

莊子將死，弟子欲厚葬之。莊子曰：「吾以天地為棺槨，以日月為連璧，星辰為珠璣，萬物為齎送。吾葬具豈不備邪？何以加此！」弟子曰：「吾恐烏鳶之食夫子也。」莊子曰：「在上為烏鳶食，在下為螻蟻食，奪彼與此，何其偏也！」

II

# 在亂世中尋找方向

雙面儒者　食古不化　逆耳忠言
松柏之姿　君子固窮　窮困之至
渾沌的寓言　書本只是糟粕　孝順的階段
避免雙重傷害　不受拖累　養護生命
保存真我　真實與真誠　層次的差距
無用之用　朝三暮四

# 1. 雙面儒者

莊子平常也穿儒服，〈說劍〉提及這一點，這大概是當時念書人的習慣。不過，莊子對於服裝與實質的關係，似乎特別重視。《莊子．田子方》記載一段寓言，其文如後：

莊子晉見魯哀公。哀公說：「魯國的儒者很多，而學習先生這套方術的很少。」莊子說：「魯國的儒者很少。」哀公說：「全魯國的人都穿著儒服，怎麼能說少呢？」莊子說：「我聽說，儒者中戴圓帽的，懂得天時；穿方鞋的，明白地形；佩帶五色絲繩繫玉玦的，遇事有決斷。君子有某種修養的，未必穿某種服裝；穿某種服裝的，未必了解某種修養。如果您認為我說得不對，何不下命令給國人說：『不具備儒者修養而穿著儒服的，都要處以死罪。』」

於是哀公發出這項命令，五天之後魯國沒有人敢再穿儒服。只有一個男子穿著儒服站在哀公府的大門外。哀公召見他，徵詢他對國事的意見，問題千變萬化，他都從容應答。莊子說：「全魯國只有一位儒者，可以算多嗎？」

這是一段寓言，因為魯哀公的年代比莊子早了一百多年。孔子過世時，是在哀公十六年，而孔子是儒家的創始者。或許是為了這個緣故，莊子要與哀公對話，揭穿儒者在服裝與實質之間的落差。正如今天很多人擁有博士及教授的頭銜，但是他們也有相稱的才學嗎？幸好魯國還有一位真正的儒者，你問他國家大小事情，他可以「千轉萬變而不窮」。莊子對於這樣的儒者，無疑是肯定及嘉許的。

不過，莊子畢竟是道家人物，對儒家向來不吝於批判。司馬遷在《史記》中，說莊子寫書「以詆訿孔子之徒」，而最直接、最犀利的，莫過於

《莊子．外物》所載「儒者盜墓」的故事，其文如後：

儒者盜墓時，也會用到《詩》與《禮》。大儒生傳話下來說：「太陽已經出來了，事情進行得如何？」小儒生說：「裙子與上衣尚未脫下，口裡還含著一顆珠子。」大儒生說：「《詩》上早就寫著：『青青的麥穗，生長在山坡上。生前不布施給人，死後又何必含珠！』抓著他的鬢髮，按著他的鬍鬚，你用鐵錘敲他的下巴，慢慢撥開他的兩頰，不要碰壞了口中的珠子。」

這段文字諷刺儒者，可為辛辣之至。大儒生與小儒生的對話，簡直是在唱詩，原文為：「東方作矣，事之若何？」「未解裙襦，口中有珠。」接著就真的引用逸詩，意在炫耀其博學。並且，小儒生奉命盜墓，不正符合「有事弟子服其勞」，而合乎禮的要求嗎？在此，儒者被比擬為盜墓者，表示他們是靠古人遺物來維生；一面進行勾當，一面還引用詩文，可見其心態偏頗至極。莊子所批判的，也許確有其事，但是這顯然不是儒者應有的作為。

莊子對儒家這個學派固然頗有意見，但是他對孔子仍表示相當的尊重。《莊子．寓言》有一段對話，可以參考。當惠子說：「孔子是勤於立志、擅用智巧的人吧？」莊子竟然為孔子辯護，並且說：「孔子已經放棄這些了，他不是說過了嗎？孔子說：『人從自然稟受本性，含藏靈氣降生於世，即使發聲合乎韻律，說話合乎法度，面對利與義時可以分辨好惡是非，也只能讓人口服而已。要讓眾人心服而不能違逆，才可以使天下自然安定。』算了吧，算了吧！我還比不上他呢！」

能從莊子口中，聽到他說：「已乎，已乎，吾且不得及彼乎！」而所不得及的是孔子，這實在讓人深感驚訝。事實上，莊子是藉孔子之口來表達自己的想法，而不是孔子真的說過如此高妙的言論。不過，莊子至少不會否定孔子的努力與用心啊！儒家成為顯學之後，後代弟子的素質難免參差不齊，甚至有日趨墮落的情況。莊子的嚴厲批判，與其說是反對儒家的主張，不如說是不恥某些欺世盜名之輩的胡作非為。只要是真正的儒者，又有誰可以對他任意臧否呢？

◆ ◆ ◆

**《莊子．田子方》**（見《莊子解讀》21．6 p.318）

莊子見魯哀公。哀公曰：「魯多儒士，少為先生方者。」莊子曰：「魯少儒。」哀公曰：「舉魯國而儒服，何謂少乎？」莊子曰：「周聞之，儒者冠圜冠者，知天時；履句屨者，知地形；緩佩玦者，事至而斷。君子有其道者，未必為其服也；為其服者，未必知其道也。公固以為不然，何不號於國中曰：『無此道而為此服者，其罪死！』」於是哀公號之五日，而魯國無敢儒服者。獨有一丈夫儒服而立乎公門。公即召而問以國事，千轉萬變而不窮。莊子曰：「以魯國而儒者一人耳，可謂多乎？」

**《莊子．外物》**（見《莊子解讀》26．4 p.412）

儒以《詩》、《禮》發冢。大儒臚傳曰：「東方作矣，事之何若？」小儒曰：「未解裙襦，口中有珠。」「《詩》固有之曰：

『青青之麥，生於陵陂。生不布施，死何含珠為？』接其鬢，壓其顪，而以金椎控其頤，徐別其頰，無傷口中珠！」

**《莊子·寓言》**（見《莊子解讀》27·2 p.423）

莊子謂惠子曰：「孔子行年六十而六十化。始時所是，卒而非之，未知今之所謂是之非五十九非也。」惠子曰：「孔子勤志服知也。」莊子曰：「孔子謝之矣，而其未之嘗言？孔子云：『夫受才乎大本，復靈以生，鳴而當律，言而當法，利義陳乎前而好惡是非，直服人之口而已矣。使人乃以心服而不敢蘁，立定天下之定。』已乎，已乎！吾且不得及彼乎！」

## 2. 食古不化

莊子寫作時，除了使用「寓言」之外，還有所謂的「重言」，亦即借重古人的話。在他所借重的古人中，孔子所占的比例很高。他對孔子，批評多而肯定少，常有「恨鐵不成鋼」之意。我們暫不考慮「他是否真正了解孔子」這個問題，因為孔子在《論語・憲問》中也曾坦承：「莫我知也夫！」連孔子的學生都不了解孔子，又何況是道家的莊子呢？

因此，我們看到莊子筆下的孔子時，不必把他聯想為真實的孔子。《莊子・天運》藉太師金之口，對孔子周遊列國推廣儒家的教化一事，提出相當深刻的評論。原文充滿比喻，反映了莊子所擅長的手法。太師金為顏淵指出以下幾點：

首先，孔子食古不化。太師金說：「芻狗（用草紮成的狗，供祭祀時使用）還沒有用來祭祀時，裝在竹筐裡，蓋著錦繡手巾，主祭者還要先齋戒再接送它。等到祭祀過後，路上行人踩踏它的頭與背，撿草的人把它拿去當柴燒了。如果有人把它收拾起來，再裝在竹筐裡，蓋上錦繡手巾，起居睡臥都在它旁邊；那麼這個人不做夢就算了，不然一定惡夢連連。」

孔子的惡夢是什麼？太師金繼續說：「所以，他在宋國樹下講學，樹被砍倒；到了衛國，事跡都被抹殺；他在商地與周地都陷於困境，這不是他做的夢嗎？後來，他被圍困於陳國與蔡國之間，七天不能生火煮飯，瀕臨死亡邊緣；這不是他的惡夢嗎？」

其次，孔子推舟於陸。他除了不合時宜之外，還忽略了客觀條件的差異。太師金說：「在水上前行最好用船，在陸上前進最好用車。以為船在水上可以前行，就把它推上陸地，那麼一輩子也走不了幾步。古代與現代相比，不就是水與陸嗎？周朝與魯國相比，不就是船與車嗎？現在希望把周朝的制度推行於魯國，就好像把船推到路地上行走，不但徒勞無功，自己還一定會遭殃。他不懂得變遷流轉，順應外物而永無窮盡的道理啊！」

這個比喻十分生動，然而孔子明明自認為「無可無不可」（沒有一定要怎麼做，也沒有一定不要怎麼做），而孟子也推崇孔子是「聖之時者」，可以隨順時機而調整作為。由此看來，儒家與道家要互相了解，恐怕還真有些困難。我們在此，繼續讓莊子把話說完吧！

第三，孔子東施效矉。太師金指出：「你難道沒有看過抽水的桔槔嗎？牽引它，它就俯下去；放開它，它就仰上來。它是被人牽引，而不是牽引人，所以俯仰都不會得罪人。所以，三皇五帝的禮儀法度，不在乎是否相同，而在乎治理有成。所以，要比喻三皇五帝的禮儀法度，可以說就像山楂、水梨、橘子、柚子一樣，味道有別但都很可口。所以，禮儀法度是隨著時代在變化的。」這一段話合情合理，相信沒有人會反對。但是，接下去的比喻就刺耳了。

「現在如果給猿猴穿上周公的衣服，牠一定咬破撕裂，全部剝掉才高興。觀察古今的差異，就好像猿猴與周公之不同。所以，西施因心痛而皺起眉頭；鄉里中的醜女見她樣子很美，回去後也捧著心皺起眉頭。鄉里的富人見到她，緊閉門扉不出來；窮人見到她，帶著妻子兒女遠遠避開。醜女知道皺起眉頭很美，卻不知道皺起眉頭為什麼很美。可惜了，你的老師會陷於困境啊！」

戰國時代天下大亂，也許亂得讓莊子昏了頭，或者失去了耐性，以致說出「觀古今之異，猶猨狙之異乎周公也」這種偏激的話。孔子的教化理想，建立在他對「人性向善」的信念上，而人性是沒有古今之異的。莊子的批評顯示了他的人性觀十分特別，亦即：人性需要覺悟。人若未能覺悟，則與生物（如猴子）無異，也與天真的醜女無異，最多只能在外在的衣飾或臉上的表情上斤斤計較而已。然而，世間能夠覺悟的又有幾人？並且，莊子筆下的孔子難道沒有不同的面貌嗎？這是值得繼續省思的題材。

◆ ◆ ◆

## 《莊子．天運》（見《莊子解讀》14．6 p.219，14．7 p.221）

孔子西遊於衛，顏淵問師金曰：「以夫子之行為奚如？」師金曰：「惜乎，而夫子其窮哉！」顏淵曰：「何也？」師金曰：「夫芻狗之未陳也，盛以篋衍，巾以文繡，尸祝齋戒以將之。及其已陳也，行者踐其首脊，蘇者取而爨之而已；將復取而盛以篋衍，巾以文繡，遊居寢臥其下，彼不得夢，必且數眯焉。今而夫子，亦取先王已陳芻狗，取弟子遊居寢臥其下。故伐樹於宋，削跡於衛，窮於商周，是非其夢邪？圍於陳蔡之間，七日不火食，死生相與鄰，是非其眯邪？夫水行莫如用舟，而陸行莫如用車。以舟之可行於水也，而求推之於陸，則沒世不行尋常。古今非水陸與？周魯非舟車與？今蘄行周於魯，是猶推舟於陸也，勞而無功，身必有殃。彼未知夫無方之傳，應物而不窮者也。

且子獨不見夫桔槔者乎？引之則俯，舍之則仰。彼，人之所引，非引人者也。故俯仰而不得罪於人。故夫三皇五帝之禮義法度，不矜於同而矜於治。故譬三皇五帝之禮義法度，其猶柤梨橘柚邪！其味相反而皆可於口。故禮義法度者，應時而變者也。今取猨狙而衣以周公之服，彼必齕齧挽裂，盡去而後慊。觀古今之異，猶猨狙之異乎周公也。故西施病心而矉其里，其里之醜人見而美之，歸亦捧心而矉其里。其里之富人見之，堅閉門而不出；貧人見之，挈妻子而去走。彼知矉美而不知矉之所以美。惜乎，而夫子其窮哉！」

## 3. 逆耳忠言

莊子對孔子的種種評論，都可以視為道家對一般人的勸誡，我們不妨稱之為逆耳忠言。依孔子的作為，並未能改善亂世，那麼何不換個角度來看，或者採取釜底抽薪的辦法，說不定可以得到一些啟發。

在莊子筆下，孔子的長相是「上身長而下身短，背脊彎曲而耳朵後貼，目光高遠好像遍及四海」；孔子的表現則是「矜持的行為與機智的容貌」。面對這樣一位到處奔走呼號的人，莊子的具體建議是什麼？

《莊子．外物》借老萊子（楚國一位隱者，也有人說他就是老聃）之口，對孔子品頭論足之後，當面告誡他說：「不忍心見到一世的傷痛，卻輕忽了萬世的禍患，這是天賦受限呢？還是智謀不及呢？喜歡做輕忽後患的事，結果帶來終身的恥辱，那只能算是平庸之人的行徑，以聲名相招引，以私利相結合。與其稱讚堯而責怪桀，不如遺忘兩者，不說是非。違反本性，無不造成傷害；動搖本性，無不造成缺失。聖人小心謹慎從事作為，以此謀求成功。為什麼你總是驕矜自己的行為呢！」

由此看來，孔子只是一個以名利來號召的平庸之人。他為了拯救一世的傷痛，所以宣傳仁義，結果因而違反及動搖本性，引發了萬世的禍患。這個罪名實在驚人。暫且不談禍患的責任歸屬，孔子對於仁義倒是念茲在茲的。他拜訪老聃時，依然暢談他的仁義觀念。《莊子．天運》記載老聃對孔子的苦心教導。

老聃說：「飛揚的米糠掉進眼睛，天地四方看來位置都變了；蚊虻叮咬到皮膚，讓人整夜都無法入睡。仁義作祟而擾亂我的心，沒有比它更大的禍害了。你只須使天下人不失去淳樸的本性，你自己也順著習俗去行動，把握天賦來處世，又何必費盡力氣好像敲著大鼓去追那逃走的人呢？

天鵝不必天天洗澡，自然潔白；烏鴉不必天天浸染，自然漆黑。黑白是天生的，不值得辯論；名聲是表面的，不值得推廣。泉水乾涸了，幾條魚一起困在陸地上。互相吐氣來濕潤對方，互相吐沫來潤澤對方，這實在不如在江湖中互相忘記對方。」

在此，「泉涸」這一句話在〈大宗師〉也出現過，可見那是莊子的心得。問題是：若有江湖可以悠游，魚兒又怎麼願意相呴相濡呢？人間若是平靜安詳，又怎麼需要孔子去大聲疾呼呢？問題在於：是天下大亂在先，孔子才想出來拯救世人？還是孔子庸人自擾，自作聰明，結果才造成天下的亂象？答案很清楚，孔子身處春秋時代，「臣弒其君者有之，子弒其父者有之」（孟子之語），而他是懷抱著淑世的熱忱啊！

莊子當然知道這一點，所以把導火線拉到古代聖人身上。《莊子．馬蹄》認為本來一切都很好，但是，「等到聖人出現，用盡心力去行仁，到處奔走去行義，於是天下人開始疑惑了；製作縱情的音樂，規定繁瑣的禮儀，於是天下人開始分裂了。所以說，完整的樹木不被砍伐，誰能做出雕飾的酒樽！潔白的玉石不被毀壞，誰能製成圭璋玉器！不拋棄道與德，怎麼用得著仁義！不離開本性與真情，怎麼用得著禮樂！五色不被攪亂，誰能調和文采！五聲不被混淆，誰能應和六律！砍伐原木來做器物，那是工匠的罪過；摧毀道與德來推行仁義，那是聖人的過錯。」

連聖人都有過錯，孔子自然不能免責了。依莊子所云，「及至聖人」一詞表示：原本的世界是和諧安寧的，由於聖人賣弄智巧，才使天下人陷於疑惑及分裂。「仁義禮樂」確實是儒家倡行最力的法寶，現在卻成了致亂之源，真是情何以堪！不過，這就是唯一而真實的評論嗎？孔子與儒家對於莊子的指摘，沒有任何辯駁的餘地嗎？事實上，就在莊子書中，我們也不難找到不同的孔子面貌。莊子的逆耳忠言，孔子聽不到，只能用來提醒後之儒者了。

◆ ◆ ◆

**《莊子．外物》**（見《莊子解讀》26．5 p.413）

老萊子之弟子出薪，遇仲尼，反以告，曰：「有人於彼，修上而趨下，末僂而後耳，視若營四海，不知其誰氏之子。」老萊子曰：「是丘也，召而來。」仲尼至。曰：「丘！去汝躬矜與汝容知，斯為君子矣。」仲尼揖而退，蹙然改容而問曰：「業可得進乎？」老萊子曰：「夫不忍一世之傷而驁萬世之患，抑固窶邪，亡其略弗及邪？惠以歡為驁，終身之醜，中民之行進焉耳，相引以名，相結以隱。與其譽堯而非桀，不如兩忘而閉其所譽。反無非傷也，動無非邪也。聖人躊躇以興事，以每成功。奈何哉其載焉終矜爾！」

**《莊子．天運》**（見《莊子解讀》14．10 p.225）

老聃曰：「夫播糠眯目，則天地四方易位矣；蚊虻噆膚，則通昔不寐矣。夫仁義憯然乃憤吾心，亂莫大焉。吾子使天下無失其朴，吾子亦放風而動，總德而立矣，又奚傑然若負建鼓而求亡子者邪？夫鵠不日浴而白，烏不日黔而黑。黑白之朴，不足以為辯；名譽之觀，不足以為廣。泉涸，魚相與處於陸，相呴以濕，相濡以沫，不若相忘於江湖。」

**《莊子·馬蹄》**（見《莊子解讀》9.2 p.142）

及至聖人，蹩躠為仁，踶跂為義，而天下始疑矣。澶漫為樂，摘辟為禮，而天下始分矣。故純樸不殘，孰為犧尊！白玉不毀，孰為珪璋！道德不廢，安取仁義！性情不離，安用禮樂！五色不亂，孰為文采！五聲不亂，孰應六律！夫殘樸以為器，工匠之罪也；毀道德以為仁義，聖人之過也。

# 4. 松柏之姿

孔子說：「歲寒，然後知松柏之後凋也。」（《論語・子罕》）這句話是他的自我期許。身為儒家的創始者，他堅持淑世理想，「知其不可而為之」。他的理想雖未實現，但至少值得我們尊敬。莊子對孔子固然多所批判，但是有些地方依然流露出不捨之意，最明顯可見的是「楚狂接輿」的那一段資料。

談起「楚狂接輿」，《論語・微子》的記載較為簡略，只有兩句話：「鳳兮鳳兮，何德之衰？往者不可諫，來者猶可追。已而已而，今之從政者殆而！」《莊子・人間世》則寫得較為詳盡，我直接以白話文引述於後。

孔子在楚國時，楚國狂人接輿走過他的門前唱著：

「鳳凰啊！鳳凰啊！德行怎麼衰敗了？

要來的不可期待，已去的不可追回。

天下有道，聖人可以成就教化；

天下無道，聖人可以保全性命。

當今之世，只求免於遭受刑戮。

幸福比羽毛還輕，不知如何把握；

災禍比大地還重，不知如何避開。

算了吧，算了吧，不要逢人就展示德行；

危險啊，危險啊，到處去招惹別人注意。

收斂些，收斂些，不要妨礙我行走；

繞個彎，繞個彎，不要傷害我的腳。」

這是「接輿之歌」，提醒孔子不要露德與露跡，而要設法韜光養晦，保全生命。無論如何，以「鳳兮鳳兮」來描述孔子，就已經蘊涵深情厚意在內了。莊子在這段曲調之後，做出簡單的結語，他說：「山木做成斧柄，斧反過來砍伐山木；油膏可以點火，火反過來燃燒油膏。桂樹皮可以吃，所以被砍伐；漆樹汁可以用，所以被切割。世人都知道有用的好處，而不知道無用的好處。」

然而，即使「無用」真的優於「有用」，孔子也不會放棄他的抱負。他帶領弟子周遊列國時，遇到許多災阨，其中被圍困在陳國與蔡國之間的那一段，情況最為緊急。《莊子．讓王》如此寫著：「七天沒有生火煮飯，喝的野菜湯裡沒有米粒，神情十分疲憊，但是還在屋內彈琴唱歌。這時，顏回在屋外揀野菜，而子路與子貢已經信心動搖，開始議論老師了：『要殺害老師的人沒有被治罪，要侮辱老師的人沒有被制止。老師還在彈琴唱歌，沒有停止過，君子有像他這樣無恥的嗎？』

這樣的質疑當然是出於莊子的口吻。顏回實在聽不下去，走進屋內向老師報告。於是孔子找來子路與子貢，說明自己並非窮困。他說：「君子領悟大道的，就稱為通達；隔絕大道的，就稱為窮困。現在我懷抱仁義的理想，卻遭逢亂世的禍患，有什麼窮困的呢！所以，內心反省而沒有隔絕大道，面臨危難而沒有失去操守。在天寒地凍、霜雪降下時，我才知道松柏的茂盛。在陳國、蔡國所受的困阨，對我來說其實是幸運啊！」

孔子平靜地又彈起琴唱著歌，子路奮勇地拿起盾牌起舞。子貢說：「我不知道天有多高，地有多厚啊！」古代得道的人，窮困時快樂，通達時也快樂。不是因為窮困與通達而快樂，而是因為他領悟了道，所以窮困與通達只是寒暑風雨的循環罷了。

在《莊子》全書中，對孔子與儒家思想最能表示同情理解的，大概就是這一章了。唯一值得省思的，依然是：孔子所謂的「道」究竟是什麼？原文說：「今丘抱仁義之道以遭亂世之患，其何窮之為！」既然如此，則莊子並不完全反對孔子的仁義之道了！仁義之道如果能使孔子「窮亦樂，通亦樂」，那麼它與莊子所嚮往的「道」似乎有著異曲同工之妙。我們不宜由此斷定儒道兩家可以會通，但是至少可以肯定莊子對孔子的敬意了。從「鳳兮鳳兮」到「窮通皆樂」，孔子所立的典型可以垂諸史冊。

◆ ◆ ◆

**《莊子．人間世》**（見《莊子解讀》4．15 p.81）

孔子適楚，楚狂接輿遊其門曰：「鳳兮鳳兮，何如德之衰也？來世不可待，往世不可追也。天下有道，聖人成焉；天下無道，聖人生焉。方今之時，僅免刑焉。福輕乎羽，莫之知載；禍重乎地，莫之知避。已乎，已乎，臨人以德；殆乎，殆乎，畫地而趨。迷陽迷陽，無傷吾行；吾行郤曲，無傷吾足。」山木，自寇也；膏火，自煎也。桂可食，故伐之；漆可用，故割之。人皆知有用之用，而莫知無用之用也。

**《莊子．讓王》**（見《莊子解讀》28．12 p.442）

孔子窮於陳、蔡之閒，七日不火食，藜羹不糝，顏色甚憊，而弦歌於室。顏回擇菜，子路、子貢相與言曰：「夫子再逐於魯，削跡於衛，伐樹於宋，窮於商、周，圍於陳、蔡。殺夫子者無罪，藉夫子者無禁。弦歌鼓琴，未嘗絕音，君子之無恥也若此乎？」顏回無以應，入告孔子。孔子推琴，喟然而嘆曰：「由與賜，細人也。召而來，吾語之。」子路、子貢入。子路曰：「如此者，可謂窮矣！」孔子曰：「是何言也！君子通於道之謂通，窮於道之謂窮。今丘抱仁義之道以遭亂世之患，其何窮之為！故內省而不窮於道，臨難而不失其德，天寒既至，霜雪既降，吾是以知松柏之茂也。陳、蔡之隘，於丘其幸乎！」孔子削然反琴而弦歌，子路扢然執干而舞。子貢曰：「吾不知天之高也，地之下也。」古之得道者，窮亦樂，通亦樂，所樂非窮通也，道德於此，則窮通為寒暑風雨之序矣。

# 5. 君子固窮

「君子固窮」一語，是孔子面對學生質疑時，所提出的回答，意思是：君子在窮困時，依然堅持原則與理想。（《論語．衛靈公》）有趣的是，莊子對於儒家的這種表現十分欣賞，甚至他自己也採取類似的立場。《莊子．讓王》記載原憲、曾參、顏回三人的事蹟，足以代表儒家的精神。

首先，是原憲的故事。原憲住在魯國，居處只有方丈大小。生草蓋成的屋子，蓬蒿編成的門戶也不完整，桑條做成門樞；用破甕做窗戶，以粗布衣隔開兩個房間；屋頂漏雨，地上潮溼，他卻端坐其中彈琴唱歌。子貢騎著大馬，穿著素白的大衣，襯著天青色的內裡。巷子容不下高大的馬車，他就走進去見原憲。

原憲戴著樺樹皮的帽子，穿著沒跟的鞋子，扶著黎杖來應門。子貢說：「啊！先生患了什麼病呢？」原憲說：『我聽說：『沒有錢財，叫做貧窮；讀書而不能實踐，叫做患病。』現在的我，是貧窮而不是患病。」子貢進退不得而面有愧色。原憲笑著說：「行為迎合世俗，交友親熱周旋，求學是為了讓人讚賞，教授是為了顯揚自己，假託仁義去為惡，裝飾馬車去炫耀，這些是我不忍心做的事。」

原憲最後那幾句話不但符合孔子的教誨，也可以用在莊子身上。這是儒家與道家不謀而合的地方，不過，雙方對於「為何應該如此」的思考，則未必一致，這也是分別形成兩個學派的原因所在。

其次，是曾參的故事。曾子住在衛國，身穿破爛絮袍，臉色浮腫有病，手腳磨出厚繭。三天沒有生火煮飯，十年沒有添製衣裳。扶正帽子，帽帶就斷掉；拉住衣襟，手肘就露出；穿上鞋子，腳跟就著地。他腳上拖著破鞋，口中吟唱《商頌》，聲音充滿天地，好像出自金石樂器。天子不能以他為臣，諸侯不能與他為友。所以說，修養心志的人會忘記形體，修養形體的人會忘記利益，追求大道的人會忘記心機。

這一段描述曾子貧困的模樣，無異於莊子的自畫像。曾子同樣體現了「君子固窮」的原則，而他的精神力量絲毫沒有受到阻礙，表現也令人印象深刻，像「天子不得臣，諸侯不得友」一語，可謂氣象萬千。念書人若是缺乏修養，斷然無法想像這樣的風範。當然，最後連續三個「忘」字，應該是莊子的畫龍點睛之筆所為。由此亦可見，莊子對真正的儒者十分敬重。

第三個故事是有關顏回的，這一次孔子也上場了。孔子對顏回說：「你家境貧窮，住處簡陋，為什麼不去做官呢？」顏回說：「我不願做官。我在城外有五十畝田，足夠供應我要吃的稀飯。在城內有十畝田，足夠生產我要穿的絲麻；彈琴足夠我自己消遣，所學老師的道足夠我自得其樂。所以我不願做官。」

孔子聽了臉色一變，說：「你的心思很好啊！我聽說過：『知足的人不會為了利益而勞苦自己，自在的人遇到損失不會恐懼，修養內心的人沒有爵位也不會羞愧。』我講述這些話已經很久了，如今在你身上才見到，這是我的收穫啊！」

依此段資料看來，顏回擁有六十畝田，好像與《論語．雍也》所謂的「一簞食，一瓢飲」有些差距。事實上，莊子說的是寓言，而重要的是顏回一連四個「足」字，顯示了安分知足的心態。特別是「所學夫子之道者足以自樂也」一語，印證了孔子「貧而樂道」的理想，不愧為真正的儒者。

從以上三段記載看來，莊子不但十分熟悉儒者的言行，並且對其中三位的傑出表現做了正面而適當的評價。莊子還不忘在敘述時加上他個人的心得。如果讓莊子選釋，他無疑也願意安貧樂道，只是他所樂的道，是得自老子啟發的那種「道」啊！

◆ ◆ ◆

## 《莊子·讓王》（見《莊子解讀》28·8 p.438，28·9 p.439，28·10 p.440）

原憲居魯，環堵之室。茨以生草，蓬戶不完，桑以為樞；而甕牖二室，褐以為塞；上漏下濕，匡坐而弦。子貢乘大馬，中紺而表素，軒車不容巷，往見原憲。原憲華冠縰履，杖藜而應門。子貢曰：「嘻！先生何病？」原憲應之曰：「憲聞之，無財謂之貧，學而不能行謂之病。今憲，貧也，非病也。」子貢逡巡而有愧色。原憲笑曰：「夫希世而行，比周而友，學以為人，教以為己，仁義之慝，輿馬之飾，憲不忍為也。」

曾子居衛，縕袍無表，顏色腫噲，手足胼胝。三日不舉火，十年不製衣。正冠而纓絕，捉衿而肘見，納屨而踵決。曳縰而歌《商頌》，聲滿天地，若出金石。天子不得臣，諸侯不得友。故養志者忘形，養形者忘利，致道者忘心矣。

孔子謂顏回曰：「回，來，家貧居卑，胡不仕乎？」顏回對曰：「不願仕。回有郭外之田五十畝，足以給飦粥；郭內之田十畝，足以為絲麻；鼓琴足以自娛，所學夫子之道者足以自樂也。回不願仕。」孔子愀然變容，曰：「善哉，回之意！丘聞之，『知足者，不以利自累也；審自得者，失之而不懼；行修於內者，無位而不怍。』丘誦之久矣，今於回而後見之，是丘之得也。」

# 6. 窮困之至

「死生有命，富貴在天」一語，雖然出於《論語．顏淵》，但是其中所蘊涵的道理卻是誰也無法否認的。莊子向來重視心靈的平靜愉悅，而不在意世間的榮華富貴，因為後者往往帶來不可預測的後遺症。

不過一般人見不及此，依然有如飛蛾撲火，追逐富貴，並且以此驕人。莊子有個鄰居，在發達之後，用三句話描寫莊子，就是：住在窮街陋巷，困窘地織鞋維生，餓得面黃飢瘦（〈列禦寇〉）。這不是比顏淵還要窮困嗎？

窮歸窮，莊子有妻有子，還是要扛起家庭生計。到了實在沒辦法時，只得向朋友開口求援了。《莊子．外物》有一段資料，描述他向人借錢，別人使出「拖」字訣，他立即以一則寓言回應。若想了解莊子的處境，就須仔細閱讀這一段讓人痛心的故事。其文如後：

莊周家裡貧窮，因此去向監河侯借米。監河侯說：「好的。等我收到封地的賦稅以後，就借給你三百金，可以嗎？」莊周氣得臉色都變了，說：「我昨天來的時候，半路上有人喊我。我回頭一看，在車輪壓凹的地方有一尾鯽魚。我問牠說：『鯽魚啊！你在這裡做什麼？』牠回答說：『我是東海的水族之臣。你有沒有一升一斗的水可以救我呢？』我說：『好的。我將到南方遊說吳國、越國的君主，引進西江的水來迎接你，可以嗎？』鯽魚氣得臉色都變了，說：『我失去了日常需要的水，沒有容身之處。現在我只要有一升一斗的水就可以活命，而你竟然這樣說，那還不如早些去乾魚鋪找我算了！』」

莊子聽到監河侯的回答，「氣得臉色都變了」；在他隨口所說的寓言中，鯽魚聽到他的回答，也是「氣得臉色都變了」。現實與虛擬故事兩相對照，自然生動使人如臨現場，畫面逼真讓人心神蕩漾。換了我是監河侯，一定立即慚愧得「臉色都變了」，然後送上「一升一斗的水」，請莊子去救鯽魚，並且送上「一斤一兩的米」，暫時化解他的燃眉之急。

莊子的人際關係太差了，連一個救急的朋友都找不到。《莊子．山木》記載他不知為了何事而晉見魏王，情況似乎也不順利。原文如此寫著：莊子穿了一件打了補釘的粗布衣服，用麻繩拴住腳上的破鞋，然後去見魏王。魏王說：「先生為什麼這樣委靡呢？」

莊子說：「是貧窮，不是委靡啊！讀書人有道德理想而不能實踐，才是委靡；至於衣服破舊，鞋子穿孔，是貧窮，而不是委靡。這是所謂生不逢時啊！您難道沒有見過跳躍的猿猴嗎？當他處在楠、梓、豫、章這些大樹上的時候，可以攀緣樹枝，往來自如，就算是后羿、蓬蒙這樣的神射手也不能小看牠。等到牠處在柘、棘、枳、枸這些多刺的樹叢中時，就要小心行動，瞻前顧後，還會害怕得發抖，這不是因為筋骨變得僵硬而不柔軟，而是所處的情勢不利，沒有辦法施展牠的才能啊！現在處在昏君亂臣的時代，要想不委靡，怎麼可能呢？像比干被紂王剖心而死，就是一個例證啊！」

由此可知，莊子承認自己既貧窮又委靡，而責任在誰呢？在於「昏上亂相」，在於讀書人有理想也無緣實踐。因此，問題不只在於他願不願意從政做官，同時也在於他能不能夠發揮抱負。如果做官只是為了活命，亦即「為五斗米折腰」，那還不如努力安貧樂道吧！在這一點上，莊子與儒家的原憲、曾參、顏回，可謂殊途而同歸，表現得十分相似，也為讀書人樹立了典範。

莊子的幽默，在於他毫不遲疑地把自己比擬為鯽魚與猴子，也坦白承認自己走投無路與困頓不堪。這是因為他還有養家活口的責任，必須勉強遷就、委屈自己。然而，不論現實生活如何貧困，莊子的心靈依然可以自在逍遙，依然可以品味天地之間無處不見的美妙境界。

◆ ◆ ◆

**《莊子．列禦寇》**（見《莊子解讀》32．4 p.485）

夫處窮閭阨巷，困窘織屨，槁項黃馘者。

**《莊子．外物》**（見《莊子解讀》26．2 p.410）

莊周家貧，故往貸粟於監河侯。監河侯曰：「諾，我將得邑金，將貸子三百金，可乎？」莊周忿然作色曰：「周昨來，有中道而呼者。周顧視，車轍中，有鮒魚焉。周問之曰：『鮒魚來！子何為者邪？』對曰：『我東海之波臣也。君豈有斗升之水而活我哉？』周曰：『諾，我且南遊吳、越之王，激西江之水而迎子，可乎？』鮒魚忿然作色曰：『吾失我常與，我無所處。吾得斗升之水然活耳，君乃言此，曾不如早索我於枯魚之肆！』」

**《莊子．山木》**（見《莊子解讀》20．7 p.303）

莊子衣大布而補之，正緳係履而過魏王。魏王曰：「何先生之憊邪？」莊子曰：「貧也，非憊也。士有道德不能行，憊也；衣弊履穿，貧也，非憊也，此所謂非遭時也。王獨不見夫騰猿乎？其得柟梓豫章也，攬蔓其枝而王長其間，雖羿、蓬蒙不能眄睨也。及其得柘棘枳枸之間也，危行側視，振動悼慄，此筋骨非有加急而不柔也，處勢不便，未足以逞其能也。今處昏上亂相之間，而欲無憊，奚可得邪？此比干之見剖心徵也夫！」

# 7. 渾沌的寓言

莊子身處戰國時代，天下大亂，民不聊生。他在尋思人間苦難的因由時，自然會緬想遠古太初的洪荒階段，那時的人是什麼情況呢？後來為什麼陷入各種困境呢？他以「渾沌」的寓言來說明。

《莊子．應帝王》在結尾部分這樣寫著：

「南海的帝王是儵，北海的帝王是忽，中央的帝王是渾沌。儵與忽時常在渾沌的土地上相會，渾沌待他們非常和善。儵與忽想要報答渾沌的美意，就商量說：『人都有七竅，用來看、聽、飲食、呼吸，唯獨他什麼都沒有，我們試著為他鑿開。』於是，一天鑿開一竅，七天之後渾沌就死了。」

原來渾沌沒有耳目口鼻這七竅，因而與外物無法溝通，也不受外物變化的影響。如果以渾沌比喻人類的原始情況，似乎不切實際。試問：有誰不是生下來就有耳目口鼻，並且唯恐這些感官效用不彰的？然而，莊子似乎認定這種寓言並非空想，於是他接著提出一系列演化過程。

《莊子．繕性》以三度「本性墮落」來說明人間現狀的因由。他首先描寫最初的狀況：

「古代的人處在渾沌蒙昧之中，世間的人全都淡漠無為。那個時候，陰陽和諧寧靜，鬼神不來侵擾，四時合乎節序，萬物不受傷害、眾生沒有夭折，人們雖有智力卻無處可用。這叫做最高的合一狀態。那個時候，無所作為而一切都是自己如此。」

由此可見，古人並非沒有耳目口鼻，而是在整體中「淡漠無為」，「雖有智力卻無處可用」，大家單純地過日子，不分彼此，有如合一狀態。那麼，接下去呢？

「等到天賦本性開始墮落，就有燧人氏、伏羲氏出來治理天下，就只能順應自然而無法維持合一狀態了。」

「天賦本性繼續墮落，就有神農氏、黃帝出來治理天下，就只能安定天下而無法順應自然了。」

至此，人的世界從合一狀態演變為順應自然，再演變為安定天下。再往下走，自然是「不安定」了。跨出這一步，即是江河日下，無法回頭。

「天賦本性又再繼續墮落，就有唐堯、虞舜出來治理天下，大興教化之風，使人心由淳樸變為澆薄，以作為偏離大道，以行動損害天賦，然後捨棄本性而順從人心。心與心交相往來，即使有所知也不足以安定天下；於是再添上文飾，加上博學。文飾泯滅了質樸，博學陷溺了心智；然後百性才感覺迷惑與混亂，無法再回歸性命的真實狀態而恢復本來的樣子了。」

我們原本以為堯舜是最理想的帝王，亦即所謂的「堯天舜日」，但是在莊子看來，那已經是人性第三度墮落的困境了。當然，站在儒家的立場，會認為堯舜是為了挽救困境而貢獻心力，所以依然給他們極高的評價。至少我們總不能說是堯舜造成了這樣的墮落吧！

但是，莊子的歷史知識並不重要，重要的是他認為帝王與百姓「互為因果」，大家一起陷入困境而不自知，更談不上如何化解了。在此，如果請教莊子的意見，他也開口說了，只是我們做得到嗎？

《莊子．刻意》上說：「悲哀與快樂，是違背了天賦；喜悅與憤怒，是偏離了大道；愛好與厭惡，是迷失了人心。所以，心中無憂無樂，是天賦的最高表現；專一而不變化，是清靜的最高表現；無所牴觸，是空虛的最高表現；不與外物交接，是淡泊的最高表現；無所違逆，是純粹的最高表現……所以說：純粹而不混雜，專一而不變化，淡泊而無所作為，行動時順應自然；這是保養精神的最佳途徑。」

結論是：保養「精神」是回歸「渾沌」的正確途徑。至於莊子所謂的精神是怎麼回事，則需要再做深入探討。

◆ ◆ ◆

**《莊子．應帝王》**（見《莊子解讀》7．8 p.129）

南海之帝為儵，北海之帝為忽，中央之帝為渾沌。儵與忽時相與遇於渾沌之地，渾沌待之甚善。儵與忽謀報渾沌之德，曰：「人皆有七竅以視聽食息，此獨無有，嘗試鑿之。」日鑿一竅，七日而渾沌死。

**《莊子．繕性》**（見《莊子解讀》16．2 p.237）

古之人，在混芒之中，與一世而得澹漠焉。當是時也，陰陽和靜，鬼神不擾，四時得節，萬物不傷，群生不夭，人雖有知，無所用之，此之謂至一。當是時也，莫之為而常自然。逮德下衰，及燧人、伏戲始為天下，是故順而不一。德又下衰，及神農、黃帝始為天下，是故安而不順。德又下衰，及唐、虞始為天下，興治化之流，澆淳散朴，離道以善，險德以行，然後去性而從於心。心與心識，知而不足以定天下，然後附之以文，益之以博。文滅質，博溺心，然後民始惑亂，無以反其性情而復其初。

**《莊子．刻意》**（見《莊子解讀》15．3 p.234）

故曰，悲樂者，德之邪；喜怒者，道之過；好惡者，心之失。故心不憂樂，德之至也；一而不變，靜之至也；無所於忤，虛之至也；不與物交，淡之至也；無所於逆，粹之至也。故曰，形勞而不休則弊，精用而不已則勞，勞則竭。水之性，不雜則清，莫動則平；鬱閉而不流，亦不能清；天德之象也。故曰：純粹而不雜，靜一而不變，淡而無為，動而以天行，此養神之道也。

# 8. 書本只是糟粕

孔子是典型的老師，他說：「溫故而知新，可以為師矣！」在此「故」是指古人留下的書冊，也可以指自己早已熟悉的材料；那麼，「新」自然是指領悟新的道理了。為什麼溫故可以知新呢？因為書本上的知識與日常生活的經驗相互印證之後，將會引發不同的心得。

經典再怎麼完美，也要依託於經驗，否則念書之後起不了什麼作用，最多讓自己變成兩腳書櫥罷了。莊子雖是道家，卻是無書不觀。他對於「讀書」的評論十分精湛。

《莊子・天道》記載了「桓公讀書」的一段趣事。一開始，莊子先提出他的觀點，他說：

「世人認為道可貴，是因為書本的記載。書本不過是話語而已，所以話語是可貴的。話語可貴之處在於意義，意義有它的根據。意義的根據不能靠談論來傳遞，而世人卻因為重視言論而傳述成書。世人雖認為書本可貴，其實並不是那麼可貴，因為他們認為可貴的並不是真正可貴的部分。可悲啊！世人以為靠形狀、顏色、名稱、聲音就可以掌握意義的真實根據。靠顏色、形狀、名稱、聲音實在不足以掌握意義的真實根據。所以，懂的人不說，說的人不懂；那麼世人又要從何處去認清這一點呢？」

我們至今還在使用「書不盡言，言不盡意」這句成語，而它完全符合莊子的上述評論。既然如此，書本離開意義，不是更遠了一層嗎？朋友問我說：「古人講話，真的像文言文那樣的之乎者也嗎？」我的回答是：「今日所謂的文言文，在古代其實是通行的白話文，尤其在先秦時代更是如此。」於是，我們今日讀《莊子》又隔了一層了。我之所以用白話譯文來敘述莊子思想，正是希望減少隔閡。

接著，「桓公讀書」的主戲上場了。

齊桓公在堂上讀書，輪扁（製作車輪的工人，名扁）在堂下做車輪。輪扁放下錐鑿，上堂去問桓公說：「請教大人：大人所讀的是什麼人的言論？」桓公說：「聖人的言論。」輪扁說：「聖人還活著嗎？」桓公說：「已經死了。」輪扁說：「那麼大人所讀的，不過是古人的糟粕罷了！」

桓公說：「寡人讀書，做輪子的人怎麼可以隨便議論！說得出理由就算了，說不出理由就處你死罪。」

輪扁說：「我是從我做的事來看。做輪子，下手慢了就會鬆動而不牢固，下手快了就會緊澀而嵌不進。要不慢不快，得之於手而應之於心。有口也說不出，但是這中間是有奧妙技術的。我不能傳授給我兒子，我兒子也不能從我這裡繼承，所以我七十歲了還在做輪子。古人與他們不可傳授的心得都已經消失了，那麼君上所讀的，不過是古人的糟粕罷了。」

這個故事到此結束。齊桓公滿意輪扁的說法嗎？他有沒有殺輪扁呢？應該沒有，因為連我們兩千多年以後的人都會為輪扁喝采鼓掌。由此可見，人的理性是相同的，對於合情合理的說法都會認可。當然，如果遇到利害關係的考量，像「指鹿為馬」之類的鬧劇也是可能出現的。

既然如此，應該如何看待讀書這件事呢？像輪扁那樣，完全依賴個人經驗也不是辦法。難道每個人都要在自己的經驗中探索，到了七十歲才可「得之於手，應之於心」（現在使用的成語是「得心應手」，意思相同）？也許在工藝方面，確有這種情況，但是一般書本所載的「古人做人處事的心得」仍有閱讀的必要。

譬如，我們現在念《莊子》，幾乎不可能一念就懂，那麼不妨先看幾段寓言，馳騁自己的想像力，培養一種幽默而富於感情的生活態度，換個眼光看待自然界的萬物以及人間世的複雜處境。然後，到了一定的年齡，累積了一定的體驗，再回頭省思莊子的話語，也許會「別有一番滋味在心頭」，發出會心的微笑了。

◆ ◆ ◆

## 《莊子・天道》（見《莊子解讀》13・10 p.210）

世之所貴道者，書也。書不過語，語有貴也。語之所貴者，意也，意有所隨。意之所隨者，不可以言傳也，而世因貴言傳書。世雖貴之哉，猶不足貴也，為其貴非其貴也。故視而可見者，形與色也；聽而可聞者，名與聲也。悲夫！世人以形色名聲為足以得彼之情。夫形色名聲果不足以得彼之情，則知者不言，言者不知，而世豈識之哉！桓公讀書於堂上，輪扁斲輪於堂下，釋椎鑿而上，問桓公曰：「敢問：公之所讀者，何言邪？」公曰：「聖人之言也。」曰：「聖人在乎？」公曰：「已死矣。」曰：「然則君之所讀者，古人之糟魄已夫！」桓公曰：「寡人讀書，輪人安得議乎！有說則可，無說則死！」輪扁曰：「臣也以臣之事觀之。斲輪，徐則甘而不固，疾則苦而不入，不徐不疾，得之於手而應於心，口不能言，有數存焉於其間。臣不能以喻臣之子，臣之子亦不能受之於臣，是以行年七十而老斲輪。古之人與其不可傳也死矣，然則君之所讀者，古人之糟魄已夫！」

# 9. 孝順的階段

儒家談孝順，可謂名正言順。《莊子．人間世》特別藉孔子之口說：「天下有兩大戒律：一是命，一是義。子女愛父母，這是自然之命，也是人心所不可解除的；臣子侍奉國君，這是人群之義，無論任何國家都不能沒有國君，這在天地之間是無可逃避的。這叫做大戒律。」

簡單兩句話，說出了儒家的信念，難怪有人認為莊子曾經是儒家弟子。孔子在《論語．微子》讓子路宣布儒家的立場：「長幼之間的禮節都不能廢棄，君臣之間的道義又怎麼能夠廢棄呢？……君子出來從政，是做道義上該做的事。至於政治理想無法實現，則是我們早已知道的啊。」這不是「知其不可而為之」嗎？這麼堅持的理由不正是「無所逃於天地之間」嗎？

忠是如此，孝更是如此，那是出於「命」，因為子女愛慕父母親乃是出於天性，所謂「不可解於心」，心中就是放不下，非要孝順不可。孟子稱讚舜的理由之一，即是他「五十歲還在愛慕父母」。「二十四孝」的故事中，老萊子「性至孝，年七十，常穿著五色彩衣，學作嬰兒戲，以娛其親」。莊子同樣肯定孝順是必要的，但是他的說法別開生面，讓人有驚艷之感。

《莊子．天運》這樣寫著：「用恭敬來行孝容易，用愛心來行孝較難；用愛心來行孝容易，行孝時忘記雙親較難；行孝時忘記雙親容易，行孝時使雙親忘記我較難；行孝時使雙親忘記我容易，我同時忘記天下人較難；我同時忘記天下人容易，使天下人同時忘記我較難。」

我們稍加分析「孝的六階段」於後。

一，用恭敬來行孝：按禮儀的規定，昏定晨省，出於恭敬之心向父母噓寒問暖。即使看到父母將會犯錯，也要溫和委婉地勸阻，如孔子所說的：「事父母幾諫，見志不從，又敬不違，勞而不怨。」意即：即使父母不接受我的勸阻，仍然要恭敬地不觸犯他們，內心憂愁但是不去抱怨（《論語．里仁》）。

二，用愛心來行孝：對父母的愛慕之心，將使子女「保持和悅的神色」（《論語．為政》）。朱熹的注解引述《禮記．祭義》說：「蓋孝子之有深愛者必有和氣，有和氣者必有愉色，有愉色者必有婉容。故事親之際，唯色為難耳。」和悅的神色必然出自深刻的愛心。

三，行孝時忘記雙親：由習慣而成自然，不必考慮自己的職責就可以做到孝順的要求。亦即，把雙親當成自己的「生命共同體」，行孝時毫無壓力可言。

四，行孝時使雙親忘記我：雙親接受我的行孝，也是由習慣而成自然。換成雙親把我當作「生命共同體」，好像成為他們終身最有默契的朋友一般，可以對我無話不談，真是天倫之樂，其樂融融。

五，我同時忘記天下人：我與雙親都在人間世活動，但是我行孝時，可以忘記天下人的存在。意即：別人的看法、世俗的評價，對我已經不再有任何影響。不但像「父子騎驢」的事情不會出現，父子之間的融洽感情實非旁觀者所能測度。

六，使天下人同時忘記我：天下人見到我與父母親相處，有如「魚相忘於江湖」；久而久之，大家也就習慣看到我們一家人的生活模式。天有四時，人們按照春夏秋冬的韻律安排作息；真正的孝順也有如四時，人們不知不覺地認為原本應該如此，以致根本忘了「我在孝順」這回事。

綜上所述，可知儒家的孝順頂多可以談到第二步與第三步之間。也許儒家與道家最後抵達的境界是類似的，但是莊子的表達功力畢竟略勝一籌，可以一路往上談到六個階段，真可讓人目眩神迷。事實上，如果承認孝順是出於天性，那麼莊子的說法就可以成立，因為凡是出於天性的，終究都在「道」裡面形成一個整體，不忘也不行啊！

◆ ◆ ◆

**《莊子．人間世》**（見《莊子解讀》4．8 p.71）

仲尼曰：「天下有大戒二：其一，命也，其一，義也。子之愛親，命也，不可解於心；臣之事君，義也，無適而非君也，無所逃於天地之間。是之謂大戒。」

**《莊子．天運》**（見《莊子解讀》14．2 p.214）

曰：「以敬孝易，以愛孝難；以愛孝易，而忘親難；忘親易，使親忘我難；使親忘我易，兼忘天下難；兼忘天下易，使天下兼忘我難。」

# 10. 避免雙重傷害

人在抉擇的時候，總是有些掙扎，若是左右為難到某種程度，可能形成雙重傷害。莊子對此提出建議。

《莊子．讓王》有一小段寓言，內容如後：

中山公子牟對瞻子說：「身體處在江海之上，內心想著王室的榮華，怎麼辦呢？」瞻子說：「看重生命，看重生命就會輕視利祿。」

中山公子牟說：「雖然知道這一點，但還不能克制自己。」瞻子說：「不能克制自己就順應，心神不會有厭惡啊！不能克制自己又勉強不肯順應，就叫做雙重傷害。受到雙重傷害的人，沒有能活得下去的。」

莊子的結語是：魏牟是萬乘大國的公子，他隱居在山林岩洞裡，要比平民困難得多；雖然還沒有悟道，也可以說是有志向了。

不過，有志向是一回事，修練的功夫則是另一回事。在功夫未至時，最好還是順應。莊子善於體察別人的處境，他自己是一介平民，頂多做過基層公務員，擔任「漆園吏」，連個官都算不上，但是他對政治領袖似乎很能表現同情的理解。他在另一段寓言中，以魏武侯為主要角色，談到類似的狀況。

《莊子．徐無鬼》記載一位隱士徐無鬼下山前去拜見魏武侯。武侯看到賢人來訪，自然喜出望外，說出心中的得意：「先生住在山林裡，吃橡樹子，飽食蔥菜韮菜，拋棄寡人已經很久了！現在老了嗎？想嚐嚐酒肉的味道嗎？還是寡人能得到你的幫助造福國家呢？」

徐無鬼表明來意，說是要來慰問武侯的，他說：「天地養育萬物是均等的，登上高位的不可認為自己尊貴，屈居下位的不可認為自己卑賤。君侯一人作為萬乘之主，勞苦一國人民，來滿足耳目口鼻的欲望，但是心神卻不允許自己這麼做。人的心神喜歡和諧而厭惡偏私；偏私，就是有病，所以我前來慰問。」

這段話讓人聽了實在深感震撼，其中蘊涵了人格及人權的平等，以及資源的平均分配。更關鍵的是：莊子認為統治者雖然作威作福，他的「心神」卻不允許自己這麼做。不允許卻仍然去做，以致形成偏私現象，這就是「有病」。由此看來，天下大富大貴之人很少是健康正常的。

徐無鬼開導武侯的結語部分是有關戰爭的，他說：「像殺害別國的百姓，兼併別國的土地，來滿足自己的私欲與心意，這種戰爭不知有什麼好處？勝利的人又在哪裡？」若是少了和諧，天下的人怎麼可能快樂呢？

國君的權力太大，而權力使人腐化。意思是他受到雙重傷害的機率比較高。那麼一般人呢？莊子筆下的老聃，是一位博大真人，言行完全符合道家的要求。老聃其實也是「有教無類」的。學生庚桑楚稍有一些心得就表現相當傑出，可以自己開班授徒了。庚桑楚碰到自己教不來的學生南榮趎，就寫介紹信讓他前去拜訪請教老聃。

《莊子．庚桑楚》記載這一段資料。南榮趎一見到老聃，就提出自己最大的困惑：「沒有智巧嗎？人們說我愚蠢；有智巧嗎？反而使我自己愁苦。沒有仁心就會害人，有仁心反而使我自己愁苦；沒有義氣就會傷人，有義氣反而使我自己愁苦。我怎樣才能避免這些呢？」

老聃說：「剛才我看你眉目之間的神色，就知道你的心事了，現在又從你的話得到證實。你無所適從的樣子，好像失去了父母的照顧，又像拿著竹竿去探測海的深度。你是迷失的人啊，茫茫無所知啊！你想要恢復本來的性情卻找不到途徑，真是可憐啊！」

南榮趎的問題其實是每一個人的問題，就是要不要表現自己的「智巧、仁心、義氣」呢？表現這些來與別人競爭比較，即使有所收穫也會覺得「反而使我自己愁苦」。但是完全不與人爭，又好像無法立足生存。處在這雙重傷害之間，應該如何修練才可超越其上？

◆◆◆

## 《莊子．讓王》（見《莊子解讀》28．11 p.441）

中山公子牟謂瞻子曰：「身在江海之上，心居乎魏闕之下，奈何？」瞻子曰：「重生。重生則利輕。」中山公子牟曰：「雖知之，未能自勝也。」瞻子曰：「不能自勝則從，神無惡乎！不能自勝而強不從者，此之謂重傷。重傷之人，無壽類矣。」魏牟，萬乘之公子也，其隱巖穴也，難為於布衣之士；雖未至乎道，可謂有其意矣。

## 《莊子．徐無鬼》（見《莊子解讀》24．3 p.368）

徐無鬼見武侯，武侯曰：「先生居山林，食芧栗，厭葱韭，以賓寡人，久矣夫！今老邪？其欲干酒肉之味邪？其寡人亦有社稷之福邪？」徐無鬼曰：「無鬼生於貧賤，未嘗敢飲食君之酒肉，將來勞君也。」君曰：「何哉，奚勞寡人？」曰：「勞君之神與形。」武侯曰：「何謂邪？」徐無鬼曰：「天地之養也一，登高不可以為長，居下不可以為短。君獨為萬乘之主，以苦一國之民，以養耳目鼻口，夫神者不自許也。夫神者，好和而惡姦；夫姦，病也，故勞之。唯君所病之，何也？」

**《莊子．庚桑楚》**（見《莊子解讀》23．3 p.351）

南榮趎曰：「不知乎？人謂我朱愚。知乎？反愁我軀。不仁則害人，仁則反愁我身；不義則傷彼，義則反愁我己。我安逃此而可？此三言者，趎之所患也，願因楚而問之。」老子曰：「向吾見若眉睫之間，吾因以得汝矣，今汝又言而信之。若規規然若喪父母，揭竿而求諸海也。汝亡人哉，惘惘乎！汝欲反汝情性而無由入，可憐哉！」

# 11. 不受拖累

莊子在山中行走時，看見一棵大樹，枝葉十分茂盛，伐木的人在樹旁休息，卻不砍伐這棵樹。莊子問他什麼緣故，伐木的人說：「這棵樹沒有任何用處。」莊子對弟子說：「這棵樹因為不成材，得以過完自然的壽命。」

莊子一行人從山裡出來後，借住在朋友家中，朋友很高興，吩咐僕人殺鵝來款待客人。僕人請示說：「一隻鵝會叫，另一隻不會叫，請問該殺哪一隻？」主人說：「殺不會叫的那隻。」

以上是《莊子．山木》開場的一段故事。接著記載的是弟子的疑惑：

「昨天山中的樹木，因為不成材得以過完自然的壽命；現在主人的鵝，卻因為不成材而被殺。老師打算如何自處呢？」這真是一個好問題。莊子笑著說：「我將處於成材與不成材之間。」

但是，「判斷」成材與不成材何者較為安全，顯然需要衡情度理的能力，以及隨機應變的本事，最後可能淪為苟且偷生而已。這又怎能代表莊子的真正思想呢？莊子於是借題發揮說：「隨著時勢變化，不做任何堅持。可以往上也可以往下，以和諧為考量，遨遊於萬物之初的境地，駕御萬物而不被萬物所駕御，如此又怎麼會受拖累呢？」

談到「拖累」，自然界的啟示很清楚，「直木先伐，甘井先竭」（挺直的樹木先被砍伐，甘美的水井先被汲乾）。至於人間世，莊子提醒我們：有聚合就有分離，有成功就有失敗，銳利的會受挫折，崇高的會被議論，有所作為就有所虧損。簡而言之，有所得就有所失，因此必須先消除得失之心。

這裡的原則是「虛己以遊世」。莊子以生動的比喻來說明。譬如：

「乘舟渡河時，被一艘空船撞上了，就算是急躁的人也不會發怒。如果有一個人在這艘船上，那麼快要碰撞時，就會呼喊著要他避開；一次呼喊不聽，二次呼喊不聽，到了第三次呼喊時，就會罵出難聽的話了。剛才不發怒而現在發怒，是因為剛才船上無人而現在有人。人若能空虛自我而在世間遨遊，那麼誰能傷害他呢！」

換言之，我們要學習的是「成為空船狀態」，在與人相處時，好像沒有什麼對自我的執著，成功了不欣喜，失敗了不難過。譬如，與國君相處是至為困難的挑戰。周文王找到一位臧地老人，並且拜他為太師，但是當文王向他請教國事時，他卻「悶聲不響沒有回應，又泛泛說些推辭的話」（〈田子方〉）。〈德充符〉中，魯哀公所信賴的醜人哀駘它的作為如出一轍，也是「悶聲不響沒有回應，又泛泛說些推辭的話」。何以能夠如此？因為他們化解了我執。

《莊子．人間世》記載蘧伯玉勸勉顏闔，期許他在與君主相處時，「外表上不如遷就，內心裡最好寬和」，但是遷就不要太過分，不然自己也會跟著喪失立場，並且崩潰失敗；寬和不要太明顯，不然自己也會跟著博取聲名，並且招致禍害。至於具體的表現則是：「君主如果像個嬰兒，你就伴同他像個嬰兒；他如果像個無威儀的人，你就伴同他像個無威儀的人；他如果像個無拘無束的人，你就伴同他像個無拘無束的人。能做到這一步，就不會有毛病被責怪了。」俗話說「伴君如伴虎」，能夠以上述方式通過這一關，那麼在世間行走自然平安無虞。

談到「虛己」，〈山木〉最後以旅店主人為例，說他有兩個小妾，一美一醜，但是他卻寵愛醜的而冷落美的。陽子見此情景不免好奇，詢問緣故。旅店主人說：「美麗的自以為美麗，我卻不覺得她美；醜陋的自以為醜陋，我卻不覺得她醜。」陽子於是對弟子說：「你們要記住，行善而不要自以為有善行，到哪裡會不受喜愛呢？」若不明白這個道理，即使優點再多，也會遭人責怪。「材與不材之間」，依然是以正確的心態為其關鍵。

◆ ◆ ◆

**《莊子．山木》**（見《莊子解讀》20．1 p.293）

莊子行於山中，見大木，枝葉盛茂，伐木者止其旁而不取也。問其故，曰：「無所可用。」莊子曰：「此木以不材得終其天年。」夫子出於山，舍於故人之家。故人喜，命豎子殺雁而烹之。豎子請曰：「其一能鳴，其一不能鳴，請奚殺？」主人曰：「殺不能鳴者。」明日，弟子問於莊子曰：「昨日山中之木，以不材得終其天年；今主人之雁，以不材死。先生將何處？」莊子笑曰：「周將處夫材與不材之間。材與不材之間，似之而非也，故未免乎累。若夫乘道德而浮遊則不然。無譽無訾，一龍一蛇，與時俱化，而無肯專為；一上一下，以和為量，浮游乎萬物之祖；物物而不物於物，則胡可得而累邪！

**《莊子．人間世》**（見《莊子解讀》4．10 p.74）

就不欲入，和不欲出。形就而入，且為顛為滅，為崩為蹶（ㄐㄩㄝˊ）；心和而出，且為聲為名，為妖為孽。彼且為嬰兒，亦與之為嬰兒；彼且為無町（ㄊㄧㄥˇ）畦（ㄑㄧˊ），亦與之為無町畦；彼且為無崖（ㄧㄞˊ），亦與之為無崖；達之，入於無疵。

**《莊子・山木》**（見《莊子解讀》20・11 p.308）

陽子之宋，宿於逆旅。逆旅人有妾二人，其一人美，其一人惡。惡者貴而美者賤。陽子問其故，逆旅小子對曰：「其美者自美，吾不知其美也；其惡者自惡，吾不知其惡也。」陽子曰：「弟子記之，行賢而去自賢之行，安往而不愛哉！」

# 12. 養護生命

南榮趎拜老子為師，十天下來就平息了愁苦，但是內心依然動盪。他坦白陳述說：「鄉里中的人生病，別人去探病時，病人能說出自己的病情，那麼這個病人還不算是重病。像我這樣的人聽聞大道，卻好像吃了藥反而加重病情，我只想聽聽養護生命的道理就夠了。」

《莊子．庚桑楚》接著記載老子的回答，其中包括九個問題，我們依序分析如下：

一，「能抱一乎？」意思是：能保持完整的生命嗎？如果太過忙碌，讓自己的時間與空間變得瑣碎而凌亂，由於外務太多而分散注意力，以致自我也陷於分裂狀態。這正是我們現代人的通病。若要保住完整的生命，必須給自己安靜沉思的機會。

二，「能勿失乎？」意即：能不失去本性嗎？每隔一段時間，就須反省自己從小到大一路走來，是否離開原本純真樸實的本性越來越遠了？是否早已忘了年輕時期高遠的懷抱與志趣？

三，「能無卜筮而知吉凶乎？」意即：能不靠占卜就知道吉凶嗎？占卜並不神祕，因為人的遭遇可能出現的變數早就存在了，只是我們受制於主觀的欲望與成見，以致無法看清也無法推理而已。如果只問占卜而不願運用理性思考，那麼就可能終身陷於困惑之中。

四，「能止乎？」意即：能安分嗎？安於自己的角色與職位，盡好自己的本分，像孔子稱讚子路的：「不忮不求，何用不臧？」（《論語·子罕》）只要不嫉妒、不貪求，怎麼會不好呢？

五，「能已乎？」意即：能知足嗎？知足才會心甘情願地停下來。我們常聽到「只要如何如何，我就滿足了」這樣的誓言，但是一旦做到這

「如何如何」，又有新的花樣出現，就像歌德（J.W. von Goethe）筆下的浮士德，一生都在追逐之中。

六，「能舍諸人而求諸己乎？」意即：能不學別人而反身自求嗎？西諺有云：「快樂有二：一是取得你所要的，二是享受你所有的。」世人大都只知第一種快樂，以致終身難以快樂。若是驀然回首，珍惜並享受自己所擁有的一切，將會發現快樂其實是如影隨形，無處不在的。

七，「能翛然乎？」意即：能無拘無束嗎？既然反求諸己，就可以無待於外，在任何時空環境及狀況之中，都不妨自得其樂。心中無欲，則少受拘束，既不會追逐時尚風潮，也不會在意閒言閒語，而是一派輕鬆悠閒，從容不迫地活在當下。

八，「能侗然乎？」意即：能無知無識嗎？知識是文明進步的利器，但是學海無涯，若是一味求知，結果將是疲累不堪，並且注定陷入論辯競爭的困境。當然，所謂無知無識，不是要人做個文盲，而是希望人少用聰明智巧，少用心機謀略，然後才有可能順其自然。

九，「能兒子乎？」意即：能像嬰兒嗎？老子說過：「專氣致柔，能如嬰兒乎？」（《老子》第十章）意思是：隨順氣息，追求柔和，能夠像嬰兒一樣嗎？莊子在此進一步描述：「嬰兒整天啼哭而喉嚨不會沙啞，這是因為氣息純和到了極點；整天握拳而雙掌不會彎曲，這是因為配合他的本性；整天睜眼而雙目不轉動，這是因為心思不受外務干擾。走路時不知要去哪裡，安居時不知要做什麼，順應萬物，隨波逐流。這就是養護生命的道理了。」

老子最後再以「至人」（最高境界的人）為喻，說他「與大家一樣在世間飲食，在自然中同樂，不因人物及利害而擾亂內心，不參與標新立異，不參與圖謀策畫，不參與具體事務。無拘無束地去，無知無識地來，這就叫做養護生命的道理了。」

簡單說來，要把注意力從外界漸漸收攝回到內在，行動時則以「無心而為」為原則，如此可以超越禍福，也免除了人間的煩惱與災害。

◆◆◆

**《莊子・庚桑楚》**（見《莊子解讀》23・4 p.354）

南榮趎曰：「里人有病，里人問之，病者能言其病，病者猶未病也。若趎之聞大道，譬猶飲藥以加病也，趎願聞衛生之經而已矣。」老子曰：「衛生之經，能抱一乎？能勿失乎？能無卜筮而知吉凶乎？能止乎？能已乎？能舍諸人而求諸己乎？能翛然乎？能侗然乎？能兒子乎？兒子終日嗥而嗌不嗄，和之至也；終日握而手不掜，共其德也；終日視而目不瞚，偏不在外也。行不知所之，居不知所為，與物委蛇，而同其波，是衛生之經已。」南榮趎曰：「然則是至人之德已乎？」曰：「非也。是乃所謂冰解凍釋者能乎。夫至人者，相與交食乎地而交樂乎天，不以人物利害相攖，不相與為怪，不相與為謀，不相與為事，翛然而往，侗然而來，是謂衛生之經已。」

# 13. 保存真我

莊子筆下的政治領袖很少有快樂的。揆其原因，除了權力容易讓人腐化之外，就是他們幾乎聽不到真話，久而久之根本忘了自己也有純真的一面，因而也不得不與快樂絕緣了。不真實而能快樂，那是沒有聽說過的。

《莊子．徐無鬼》記載徐無鬼晉見魏武侯時，談論他如何相狗與相馬，結果讓武侯開懷大笑。他究竟說了些什麼？內容如下：所謂相狗術，是看出：「下等資質的狗只求吃飽就好，表現像狸貓一樣的天賦；中等資質的狗好像看著太陽，神情專注；上等資質的狗好像忘了自己的存在。」至於相馬術，是看出：「直的要合乎繩墨，曲的要合乎彎鉤，方的要合乎矩尺，圓的要合乎圓規，這樣就是國馬了，但是還比不上天下馬。天下馬有天生的材質，在靜止或走動時，都像忘了自己的存在。這樣的馬，跑起來超逸絕塵，不知止於何處。」

這兩段話與我們平常所聽的八卦消息差不了多少，但卻逗得武侯那麼開心，其中的道理又是什麼？徐無鬼向大臣說出底下的道理：「你沒有聽過越國有被流放的人嗎？離開國家幾天後，看見認識的人就很高興；離開國家一個月後，看到曾在國內見過的東西就很高興；等到離開國家一年以後，看到像是同鄉的人就很高興。這不是離開故人越久，思念故人越深嗎？至於逃難到空曠荒地的人，野草把黃鼠狼出沒的路徑都堵塞了，長久居住在曠野中，聽到人走路的腳步聲就高興起來，更何況是有兄弟親戚在身邊談笑呢？很久沒有人用真實的言語在武侯身邊談笑了啊！」

原來在莊子眼中，國君不過是被流放到荒野去的人，與其說他值得尊敬，還不如說他值得同情。那麼，我們何不以同情心對待他，讓他重新品嘗真實的人生？

《莊子．山木》記載市南子晉見魯侯，看他面色憂愁，就問什麼緣故。魯侯說：「我學習了先王的理想，實踐先君的作為；我敬奉鬼神，尊重賢人，認真這麼做而沒有片刻懈怠。但還是無法避免禍患，我為此而憂心。」

市南子的建議是：「我希望您能挖空形體，拋棄外皮，洗滌心智，摒除欲望，進而遨遊於杳無人跡的曠野中。」魯侯立即知難而退，說：「那個道，既遙遠又危險，還有山水阻隔，我沒有車與船，怎麼去得了呢？」市南子的答覆是：「您不要自恃尊貴，不要貪戀權位，這樣就算找到車子了。」魯侯再度推託說：「那個道，幽靜遙遠又不見人跡，我要與誰作伴呢？我沒有米糧，我沒有食物，怎麼到得了呢？」市南子的答覆是：「減少您的耗費，降低您的欲望，即使沒有糧食也會夠用。」

既然魯侯憂心忡忡，市南子就為他開一帖治本的藥方。他接著說了一段富於詩意的描述，只是魯侯聽得進去嗎？市南子說：「您接著就越過大江，飄流海上，直到望不見岸邊，再繼續向著不知邊際何在的地方前進。

送行的人都從岸邊回來了，您也從此遠遠離開了。」魯侯聽到這裡會不會覺得頭暈目眩，甚至泫然欲泣呢？

保存真我，應該會帶來快樂。《莊子．則陽》說得好：「自己的祖國與故鄉，看了就心裡舒暢；即使被丘陵草木掩蔽了十之八九，還是覺得心裡舒暢。何況是親自見識了本來的面目呢？就像十仞的高台聳立於眾人眼前，誰又能掩蔽它呢？」對於「舊國舊部」（比喻本性），能看到十之一二，已經很開心了，何況是看到完整的本性呢？只要回歸本性，快樂將會源源不絕。

在此，關鍵的思想是：保存真我與空虛自我，竟然成了一體之兩面。政治領袖必須消滅外在虛假的裝飾，除去世俗浮華的享受，才有可能覺悟真我的意義。市南子最後總結說：「人若能空虛自我而在世間遨遊，那麼誰能傷害他呢？」換言之，國君不必真的離鄉背井，漂流海上，而只須練習「忘」的藝術，以平等心看待一切，就算是很好的開始了。

◆ ◆ ◆

**《莊子．徐無鬼》**（見《莊子解讀》24．1 p.365，24．2 p.367）

徐無鬼曰：「嘗語君，吾相狗也。下之質執飽而止，是狸德也；中之質若視日；上之質若亡其一。吾相狗，又不若吾相馬也。吾相馬，直者中繩，曲者中鉤，方者中矩，圓者中規，是國馬也，而未若天下馬也。天下馬有成材，若卹若失，若喪其一。若是者，超軼絕塵，不知其所。」武侯大說而笑。……

（徐無鬼）曰：「子不聞夫越之流人乎？去國數日，見其所知而喜；去國旬月，見所嘗見於國中者喜；及期年也，見似人者而喜矣。不亦去人滋久，思人滋深乎？夫逃虛空者，藜藋柱乎鼪鼬之逕，踉位其空，聞人足音跫然而喜矣，有況乎昆弟親戚之謦欬其側者乎！久矣夫莫以真人之言謦欬吾君之側乎！」

**《莊子．山木》**（見《莊子解讀》20．2 p.295，20．3 p.297）

市南宜僚見魯侯，魯侯有憂色。市南子曰：「君有憂色，何也？」魯侯曰：「吾學先王之道，修先君之業；吾敬鬼尊賢，親而行之，無須臾離居。然不免於患，吾是以憂。」市南子曰：「……吾願君刳形去皮，洒心去欲，而遊於無人之野。南越有邑焉，名為建德之國。其民愚而朴，少私而寡欲，知作而不知藏，與而不求其報，不知義之所適，不知禮之所將，猖狂妄行，乃蹈乎大方。其生可樂，其死可葬。吾願君去國捐俗，與道相輔而行。」君曰：「彼其道遠而險，又有江山，我無舟車，奈何？」市南子曰：「君無形倨，無留居，以為君車。」君曰：「彼其道幽遠而無人，吾誰與為鄰？吾無糧，我無食，安得而至焉？」市南子曰：「少君之費，寡君之欲，雖無糧而乃足。君其涉於江而浮於海，望之而不見其崖，愈往而不知其所窮。送君者皆自崖而反，君自此遠矣。……人能虛己以遊世，其孰能害之！」

**《莊子・則陽》**（見《莊子解讀》25・2 p.392）

舊國舊都，望之暢然；雖使丘陵草木之緡，入之者十九，猶之暢然。況見見聞聞者也？以十仞之臺縣眾間者也？

# 14. 真實與真誠

儒家人生觀的契機在於「真誠」，道家人生觀呢？在於「真實」。孔子口中的「仁」字，就有真誠之意，像大家熟知的「巧言令色，鮮矣仁！」（《論語・學而》）把「巧言令色」（說話美妙動聽，表情討好熱絡）與「仁」對照起來，可見仁所針對的是內心的真情。

孟子清楚宣稱：「誠者天之道也，思誠者人之道也。」這兩句話合而觀之，可見天（代表萬物）的法則無不真誠，亦即按照規律而運作，沒有不真誠的可能；但是，人的法則就須「自己想要真誠」了，因為人是唯一「可能不真誠」的生物啊！到了《中庸》，說得更為精緻：「誠者天之道也，誠之者人之道也。」所謂「誠之者」，意即「讓自己真誠」，而這才是人類應走的正路。

儒家為何強調真誠？因為人若忠於內心的真誠感受，就會敏銳察覺自己與周遭的人（亦即相關的人）之間的「適當關係」，然後將會有實踐的力量「由內而發」，要求自己去行善。所謂「善」，即是我與別人之間適當關係的實現。行善的力量若非由內而發，則道德價值缺乏主體的基礎，結果既無法變化氣質，也不會孕生浩然之氣。然後，人生的一切作為難免陷於鄉愿式的偽善而已。

忽略儒家的真誠之說，就會以為這個學派的人只知宣傳仁義，行禮作樂，只是虛應故事而已；影響所及，則是假仁假義、不仁不義充斥世間，如此當然無法避免莊子的責難了。然而，這其中不是頗有一番冤情嗎？

相對於此，道家重視「真實」，因而不願與世俗一起沉沉浮浮，追逐一切相對的、變化的目標。所謂「道」，即是指「究竟真實」而言。現在的問題是：「真實」一詞落在人的身上，必定包含「真誠」。因此，道家沒有理由反對真誠；事實上《莊子．漁父》記載孔子聆聽漁父的教導而深為佩服，其中有一段描述人的「真實」，就與人的「真誠」完全相應，甚至合而為一了。

漁父說：「真實，是專一而誠懇的極致狀態。不專一不誠懇，就不能感動人。所以勉強哭泣的人雖悲痛卻不哀傷，勉強發怒的人雖嚴厲卻不威猛，勉強親切的人雖微笑卻不和悅。真正的悲痛是沒有聲音而哀傷，真正的憤怒是沒有發作而威猛，真正的親切是沒有微笑而和悅。有真實在裡面的，神色才顯露出來，所以要重視真實。」

這段話讓人擊節讚賞，儒家必定會說：「於我心有戚戚焉！」接著，所要考量的是具體作為或實踐方法的問題，這裡逐漸顯示道家所著重的要點了。

漁父接著說：「把這種觀點用在人倫關係，侍奉雙親則孝順，侍奉君主則忠貞，飲酒則歡樂，居喪則悲哀。忠貞以功績為主，飲酒以歡樂為主，居喪以悲哀為主，事親以安適為主。功績在於完美，不拘泥什麼事蹟；事親在於安適，不考慮什麼方式；飲酒在於歡樂，不講究什麼器皿；居喪在於哀傷，不計較什麼禮儀。禮儀，是世俗所設計成的；真實，則是稟受於自然的，是自己如此而不可改變的。」這一段話錯落有致，隨意揮灑，但是意思很清楚，要以真實而自然的狀態為主。由此轉向莊子的結論。

漁父最後說：「所以，聖人效法自然，重視真實，不受世俗的拘束。愚人與此相反，不能效法自然，而去憂心人事；不知重視真實，卻沉沉浮浮隨俗而變。所以差得太遠了。可惜啊，你太早沉溺於世俗的虛偽中，而太晚聽聞大道了。」

漁父口中的「聖人」，在此又成了道家所肯定的正面角色，而孔子則被視為「愚人」了。我們不必爭論誰是誰非，因為情況很可能是各有一套判準。值得留意的是，真實與真誠並非兩回事，而是在人身上合為一物。至於如何保存這份真誠並加以體現為真實，則儒家與道家各有不同見解。我們探討莊子思想時，也不宜認為儒家所言皆非。

◆ ◆ ◆

**《莊子．漁父》**（見《莊子解讀》31．3 p.475）

客曰：「真者，精誠之至也。不精不誠，不能動人。故強哭者雖悲不哀，強怒者雖嚴不威，強親者雖笑不和。真悲無聲而哀，真怒未發而威，真親未笑而和。真在內者，神動於外，是所以貴真也。其用於人理也，事親則慈孝，事君則忠貞，飲酒則歡樂，處喪則悲哀。忠貞以功為主，飲酒以樂為主，處喪以哀為主，事親以適為主。功成之美，無一其跡矣；事親以適，不論所以矣；飲酒以樂，不選其具矣；處喪以哀，無問其禮矣。禮者，世俗之所為也；真者，所以受於天也，自然不可易也。故聖人法天貴真，不拘於俗。愚者反此，不能法天而恤於人，不知貴真，祿祿而受變於俗，故不足。惜哉，子之蚤湛於人偽而晚聞大道也。」

# 15. 層次的差距

司馬遷在《史記．太史公自序》，引述父親司馬談〈論六家要指〉一文時，將先秦的學派分為：儒、墨、道、法、名、陰陽六家。其中，名家是探討名實關係，注重邏輯思維與辯論技巧的，以惠施與公孫龍為其代表。

惠施又稱惠子，是《莊子》書中經常出現的名字。莊子說來也真孤單，他在幾萬字的著述中，唯一寫下名字的朋友就是惠施一人。他與惠施還有許多對話值得介紹。本文且先以公孫龍為例，說明不同學派在思想層次上的差距，實非我們所能想像。

為了認識公孫龍，可以先參考《莊子．天下》的一句評論：「桓團、公孫龍，辯者之徒，飾人之心，易人之意，能勝人之口，不能服人之心，辯者之囿也。」意思是：他們這一派的人，困惑別人的心思，改變別人的看法，能勝過別人的口，卻不能折服別人的心，這是辯者的局限。

莊子針對這樣的局限，施以致命的一擊。他在〈秋水〉虛擬了一段對話，其文如後。

公孫龍問魏牟說：「我從小就學習先王之道，長大後又明白仁義的行為。我能把事物的同與異混和為一，把一物的堅硬與白色分離為二。把不對的說成對，不可的說成可。為難百家的知識，駁倒眾人的辯論，我自以為是最通達事理的人了。現在我聽到莊子的言論，怪異得使我感覺茫茫然。不知是我的辯論比不上他，還是智力不像他這麼好？現在我張口不知該說什麼，所以想請教這是什麼道理？」

魏牟靠著桌子長嘆一聲，仰天大笑說：「你難道沒有聽過坎井之蛙的故事嗎？淺井裡的一隻青蛙對東海來的大鱉說：『我真快樂呀！我一出來就可以在水井欄干上跳躍，一回去就可以靠著破磚邊上休息。跳到水裡，水就接住我的雙臂，托起我的兩腮；踩在泥上，泥就淹沒我的雙腳，蓋過我的腳背。回頭看看井裡的赤蟲、螃蟹與蝌蚪，沒有誰比得上我。再說，能夠獨占一坑水而盤據一口淺井的快樂，這也算是最大的了。先生何不就請進來看看呢？』

東海的大鱉左腳還沒有跨進井裡，右腳膝蓋就已經被絆住了。於是牠搖晃地退後幾步，告訴青蛙大海那邊的情形。牠說：『一千里的距離，不足以形容它的大；八千尺的高度，不足以說盡它的深。夏禹的時候，十年有九年水災，而海面並沒有因此上升；商湯的時候，八年有七年旱災，而水位並沒有因此下降。不隨著時間長短而有所改變，不因為水量多少而有所增減，這也是東海帶給我的大快樂啊！』坎井之蛙聽了之後，顯得神色慌張，尷尬地不知所措。」

在此，魏牟的長篇大論顯然代表莊子自己的立場。由於原文尚未結束，我們還是讓魏牟盡情表演吧！他繼續說：

「再說，你的智力不能了解是非的究竟，而想看清楚莊子的言論，這就好像讓蚊子去背一座山，讓馬蚿去渡一條河一樣，必定是無法勝任的。並且，你的智力不能體會最高妙的言論，卻得意於一時的口舌之利，這不正是坎井之蛙嗎？莊子正在下抵黃泉而上登蒼天，沒有南北之分，全面獲得解脫，進入高深莫測之境，沒有東西之分，出於玄遠幽深之處，回歸萬物相通的大道。

你還瑣瑣碎碎地想要用察考與辯論來探求，這簡直是用竹管去觀察天，用錐子去測量地，不是太渺小了嗎？你回去吧！你難道沒有聽過壽陵的少年去邯鄲學走路的故事嗎？他沒有學會別人的走路本事，又忘記了自己原來的走法，結果只好爬著回家。現在你還不走開，就會忘記你原有的技能，失去你本來的專長了。」公孫龍張口結舌無法作聲，慌慌張張地離開了。

像「坎井之蛙」、「以管窺天」、「以錐指地」、「邯鄲學步」這些成語皆源出於此。莊子自視甚高，至於高到什麼程度，本文可以作為參考。

◆ ◆ ◆

**《莊子．天下》**（見《莊子解讀》33．10 p.508）

桓團、公孫龍辯者之徒，飾人之心，易人之意，能勝人之口，不能服人之心，辯者之囿也。

**《莊子．秋水》**（見《莊子解讀》17．11 p.255，17．12 p.257）

公孫龍問於魏牟曰：「龍少學先王之道，長而明仁義之行；合同異，離堅白；然不然，可不可；困百家之知，窮眾口之辯，吾自以為至達已。今吾聞莊子之言，汒然異之。不知論之不及與，知之弗若與？今吾無所開吾喙，敢問其方。」公子牟隱机大息，仰天而笑曰：「子獨不聞夫埳井之蛙乎？謂東海之鱉曰：『吾樂與！吾跳梁乎井幹之上，入休乎缺甃之崖。赴水則接腋持頤，蹶泥則沒足滅跗。還虷蟹與科斗，莫吾能若也。且夫擅一壑之水，而跨跱埳井之樂，此亦至矣。夫子奚不時來入觀乎？』東海之鱉左足未入，而右膝已縶矣。於是逡巡而卻，告之海曰：『夫千里之遠，不足以舉其大；千仞之高，不足以極其深。禹之時，十年九潦，而水弗為加益；湯之時，八年七旱，而崖不為加損。夫不為頃久推移，不以多少進退者，此亦東海之大樂也。』於是埳井之蛙聞之，適適然驚，規規然自失也。

且夫知不知是非之竟，而猶欲觀於莊子之言，是猶使蚊負山，商蚷馳河也，必不勝任矣。且夫知不知論極妙之言，而自適一時之利者，是非埳井之蛙與？且彼方跐黃泉而登大皇，無南無北，奭然四解，淪於不測；無東無西，始於玄冥，反於大通。子乃規規然而求之以察，索之以辯，是直用管闚天，用錐指地也，不亦小乎？子往矣！且子獨不聞夫壽陵餘子之學於邯鄲與？未得國能，又失其故行矣，直匍匐而歸耳。今子不去，將忘子之故，失子之業。」公孫龍口呿而不合，舌舉而不下，乃逸而走。

# 16. 無用之用

人的社會無不講求「有用」，因為它代表能力與希望，可以在競爭過程中脫穎而出。但是，由於每個人的才華有別，往往只能在某一方面有用，「長於此而拙於彼」；並且，每個社會在不同時代會推崇不同的有用，又有誰可以保證自己「生逢其時」？再由長遠的發展來看，過去的有用到了現在，可能出現不利的後患，以致悔不當初啊！

蘇東坡的〈洗兒〉說得很無奈：「人皆養子望聰明，我被聰明誤一生。唯願孩兒愚且魯，無災無難到公卿。」他只願孩子「愚且魯」，因為不聰明才不會像他一樣遭忌，但最後還是流露出父母的天真盼望，試問這個世間有「無災無難到公卿」這回事嗎？即使真有此事，做到公卿之後，也許正是災難的開始。

《莊子．人間世》描寫兩棵大樹，真是其大無比。一棵是「樹蔭可以遮蔽幾千頭牛，量一量樹幹有數百尺粗。樹梢高達山頭，樹身數丈以上才分生枝幹。枝幹可以做成小船的就有十幾根。」另一棵是「一千輛四馬共拉的大車，都可以隱蔽在它的樹蔭下。」這兩棵樹可以一直活到現在，全是因為「一無可用」。有用的樹木早就「半途夭折於刀斧」之下了。莊子說得興起，居然如此結論說：「所以古代祭祀時，凡是白額頭的牛、鼻孔上翻的豬，以及生痔瘡的人，都不可用來投河祭神。巫祝都知道，這些是不吉祥的。而神人正好因此認為這些是最吉祥的。」再怎麼健康俊美，死了又有何用？

讀莊子的書，實在不宜錯過「支離疏」的寓言。同樣在〈人間世〉，我們讀到以下這一段：「支離疏這個人，頭低縮在肚臍下面，雙肩高過頭頂，髮髻朝著天，五臟都擠在背上，兩腿緊靠著肋旁。他替人縫衣洗衣，收入足以餬口；又替人簸米篩糠，收入足以養活十人。官府徵兵，他大搖大擺在徵兵場所閒逛；官府徵工，他因為身有殘疾而不必勞役；官府救濟病患時，他可以領到三鍾米與十捆柴。形體殘缺不全的人都可以養活自己，享盡自然的壽命，何況是那些不以德行為意的人呢？」

莊子的意思是：支離疏雖然不成人形，一無是處，但是反而因此活得自在。關鍵在於他接受自己的狀況，不以形體為意。一般人當然不會羨慕支離疏的形體，但是卻會羨慕他的遭遇，這不是肯定了「無用之用」嗎？莊子期許我們做到「不以德行為意」，放開對善惡是非的執著念頭，那麼不是可以隨遇而安，活得較為輕鬆些嗎？有些人在德行上也追求有用，總是在計較誰是聖賢，那不是自尋煩惱嗎？

莊子多次苦勸惠施，希望他能明白「無用」的妙處。惠施反過來責怪莊子，認為他的話毫無用處。莊子兩度針對這一點來答覆。一是在〈外物〉，莊子說：「懂得無用的人，才可以與他談論有用。譬如地，不能不說是既廣且大，人所用的只是立足之地而已。但是，如果把立足以外的地方都挖掘直到黃泉；那麼人的立足之地還有用嗎？」惠施說：「無用。」莊子說：「那麼無用的用處也就很明顯了。」

這一段討論的奧妙之處，有些像他們辯論「魚樂」那一段，但是更為簡潔明朗。惠施又一次自相矛盾。另外，在〈逍遙遊〉結束的部分，惠施以無用的大樹來比喻莊子的言論。莊子說：「現在你有一棵大樹，擔心它沒有用，那麼為何不把它種在空虛無物的地方，廣闊無邊的曠野，再無所事事地徘徊在樹旁，逍遙自在地躺臥在樹下。它不會被斧頭砍伐，也不會被外物傷害，沒有任何可用之處，又會有什麼困難苦惱呢？」莊子順著惠施的比喻，說得像是真有這麼一棵無用的大樹似的。閱讀至此，不免拍案稱奇。

總之，「無用之用」的意思包括：一，不追求特定的有用；二，化解對有用之執著；三，安於自身的條件；四，珍惜此生，知命樂天。

◆◆◆

**《莊子．人間世》**（見《莊子解讀》4．13 p.78，4．14 p.80）

故解之以牛之白顙者，與豚之亢鼻者，與人有痔病者，不可以適河。此皆巫祝以知之矣，所以為不祥也。此乃神人之所以為大祥也。

支離疏者，頤隱於齊，肩高於頂，會撮指天，五管在上，兩髀為脅。挫鍼治鮎，足以餬口；鼓筴播精，足以食十人。上徵武士，則支離攘臂於其間；上有大役，則支離以有常疾不受功；上與病者粟，則受三鍾與十束薪。夫支離其形者，猶足以養其身，終其天年，又況支離其德者乎！

**《莊子．外物》**（見《莊子解讀》26．7 p.416）

惠子謂莊子曰：「子言無用。」莊子曰：「知無用而始可與言用矣。夫地非不廣且大也，人之所用容足耳。然則廁足而墊之致黃泉，人尚有用乎？」惠子曰：「無用。」莊子曰：「然則無用之為用也亦明矣。」

**《莊子．逍遙遊》**（見《莊子解讀》1．13 p.26）

惠子謂莊子曰：「吾有大樹，人謂之樗。其大本擁腫而不中繩墨，其小枝卷曲而不中規矩。立之塗，匠者不顧。今子之言，大而無用，眾所同去也。」莊子曰：「子獨不見狸狌乎？卑身而伏，以候敖者；東西跳梁，不避高下；中於機辟，死於罔罟。今夫斄牛，其大若垂天之雲。此能為大矣，而不能執鼠。今子有大樹，患其無用，何不樹之於無何有之鄉，廣莫之野，彷徨乎無為其側，逍遙乎寢臥其下。不夭斤斧，物無害者，無所可用，安所困苦哉！」

# 17. 朝三暮四

有些我們朗朗上口的成語，意思與它原先的用法不太相同。「朝三暮四」就是一例。現代人說這四個字，是批評某人心志不堅、操守不定，有見風轉舵、隨風搖擺之意。但是，古人的用法並非如此。

比較完整的版本是《列子．黃帝》所記載的。故事大意是：宋國有個養猴子的人，時日久了能與猴子互通心意。他省吃儉用來照顧猴子，後來實在沒錢買足夠的栗子，只好減少猴子的食物供應，但是又怕牠們不再聽話，於是心生一計。他對猴子說：「以後給你們吃的栗子，早上三升，晚上四升，可以嗎？」猴子聽了都很生氣。他再改口說：「那麼，早上四升，晚上三升，可以嗎？」猴子聽了都很高興。

接著，列子總結說：「聖人以智籠群愚，亦猶狙公之以智籠眾狙也。」名與實並沒有什麼改變，但是可以左右眾人的喜怒。

列子原名列禦寇，在時代上早於莊子，所以《莊子》書中還有一篇，名為〈列禦寇〉，而在其他地方也多次提及此人。不過，現在通行的《列子》一書，則是晉朝的人所編成，資料未必可信。無論如何，我們要指出的是：莊子也曾使用同樣的寓言，而他的意思又遠遠超出了前面所說的。

在《莊子．齊物論》談到「朝三暮四」之前，先說了一段深奧的道理：「因此之故，像樹枝與屋樑，醜人與西施，以及各種誇大、反常、詭異、奇特的現象，從『道』看來都是相通為一體的。有所分解，就有所生成；有所生成，就有所毀滅，所以萬物沒有生成與毀滅，還會再度相通為一體。」

莊子希望大家明白：道是萬物的來源與歸宿，萬物都在道的裡面形成一個整體。他接著說：「只有明理的人知道萬物相通為一體，因此不再爭論而寄託於平庸的道理上。平庸，就是平常日用的；平常日用的，就是世間通行的；世間通行的，就是把握住關鍵的。能到把握關鍵的地步，就接近道了。這正是順著狀況去做，達到此一階段而不知其中緣故，就叫做道。」只要覺悟「道」是一個整體，就不會計較名稱與實質的改變了。因為，真正改變的只是名稱，以及隨著名稱而使人「以為改變的」實質。

以上述觀念為背景，莊子最後才談到「朝三暮四」的寓言。為了保持原典的完整，我們繼續引用莊子的話，他說：「人們費盡心思去追求一體，卻不知萬物本來就是相同的。這就叫做『朝三』。什麼是朝三呢？有一個養猴子的人拿栗子餵猴子，說：『早上三升，晚上四升。』猴子聽了都很生氣。他改口說：『早上四升，晚上三升。』猴子聽了都很高興。名與實都沒有改變，而應用之時可以左右猴子的喜怒，這也是順著狀況去做啊！所以，聖人能夠調和是非，讓它們安頓於自然之分，這就叫做『兩行』：是非並行而不衝突。」

莊子的用意顯然比列子的更為開闊。聖人是卓越的領袖，他有本事讓眾人喜、讓眾人怒。但是，重點在於：不論先三後四，或者先四後三，加起來的總和都是七。正如，有人少年得志，也有人大器晚成，那麼你選擇什麼？既然人生是一個整體，我們又何必先喜後悲，或者先悲後喜呢？這些情緒反應不是多餘而毫無必要的嗎？如果陷入情緒反應的循環過程中，人生不是將在來去匆匆之際，茫然而大惑不解嗎？這樣的人生不是太可惜了嗎？

當然，我們認真分辨及討論「朝三暮四」這句成語，目的並不是想要改變大家習慣的用語，而是希望藉著追溯源頭，說明它的本意，再進而欣賞莊子思想的特色。莊子其實完全符合西方所謂的「哲學家」標準，亦即「愛智者」，因為智慧是指「完整而根本的覺悟」。在西方，這種智慧是難以言詮的；在道家的莊子，則設法以各種比喻來啟發人，引領人走向愛智及慕道的正途上。

◆ ◆ ◆

**《莊子・齊物論》**（見《莊子解讀》2・7 p.37）

道行之而成，物謂之而然。惡乎然？然於然。惡乎不然？不然於不然。物固有所然，物固有所可。無物不然，無物不可。可乎可，不可乎不可。故為是舉莛與楹，厲與西施，恢詭譎怪，道通為一。其分也，成也；其成也，毀也。凡物無成與毀，復通為一。唯達者知通為一，為是不用而寓諸庸。庸也者，用也；用也者，通也；通也者，得也。適得而幾矣。因是已，已而不知其然，謂之道。勞神明為一而不知其同也，謂之朝三。何謂朝三？狙公賦芧，曰：「朝三而暮四。」眾狙皆怒。曰：「然則朝四而暮三。」眾狙皆悦。名實未虧而喜怒為用，亦因是也。是以聖人和之以是非而休乎天鈞，是之謂兩行。

# Ⅲ

# 悟道的智慧與境界

從容的風度　大鵬的寓言　夢中的蝴蝶
魚的快樂　承蜩與捶鉤　遊刃有餘
放下的妙用　龍的傳說　外化而內不化
精神最可貴　天人合一　無所不在的道
最高的智慧　天地之大美　超凡的意境
無限的嚮往

# 1. 從容的風度

莊子喜歡說故事。他說的故事有什麼特色呢？簡而言之，就是虛虛實實，根據某些歷史資料，再搭配他想像中的人物與言論，然後像畫龍點睛一般，展現他的基本觀念。他的觀念不但發人深省，並且可以付諸實踐，在生活中體驗一番。茲舉一例說明。

《莊子．田子方》有一段記載如下：「百里奚不把爵位俸祿放在心上，所以養牛而牛肥，讓秦穆公忘記他地位卑賤，把國政交給他。舜不把生死放在心上，所以孝行可以感動世人。」

從時間先後來說，舜在前而百里奚在後；就困難程度而言，不在乎生死顯然高於不在乎爵祿。所以，莊子強調的是修養的順序，百里奚要感動的是秦穆公一人，舜所感化的則是天下百姓。關鍵在於：他們都是無心而為，一方面不考量外在的利害，不存著刻意的目的；另一方面，則是專心盡好自己的本分，然後順其自然。

接著這兩位歷史人物之後，莊子才道出他所編的故事：宋元君打算畫些圖樣，所有畫師都來了，行禮作揖之後站在一旁，調理筆墨，半數的人站到門外去了。有一位畫師稍晚才到，悠閒地走進來，行禮作揖之後也不站立恭候，就直接到畫室去了。宋元君派人去察看，他已經解開衣襟，袒露上身，盤腿端坐著。宋元君說：「行了，這才是真正的畫師。」

真正的畫師必須化解外在的限制，專注於他的題材與技巧，才有可能發揮創意，呈現偉大的藝術結晶。豈止畫師如此，任何人只要認清本分，在自己的崗位上盡忠職守，也都可以顯示瀟灑自在的風度，值得受到大家的肯定。

說來很巧，晉朝的大書法家王羲之大概早就熟讀《莊子》，對這一位畫師印象深刻，並且起而倣效。他的作為造成了另一段佳話。

《世說新語・雅量》記載了下述事蹟。

郗鑒與王導都是朝廷大官，門當戶對。郗鑒想去王家挑選一位女婿，就派專人送一封信到王府，言明來意。王導對使者說：「您到東廂房去，任意挑選吧。」這位使者回去稟告郗鑒說：「王家幾位公子都是可取的人才，他們聽說您派人來選女婿，個個表現得莊重沉穩，只有一位公子露著肚子躺在東床上，好像沒有聽說這件事一樣。」郗鑒說：「就選這個人吧！」打聽之下，原來這個人就是王羲之，於是把女兒嫁給他了。

以上這段真實的事件，塑造了一個新詞，叫做「東床快婿」。當時的上層社會常是家族聚居，子侄輩也生活在一起。王家是大戶人家，眾子侄們聽說郗太傅要挑女婿，自然梳洗打扮一番，刻意表現得文質彬彬，希望可以雀屏中選。只有王羲之保持他原來灑脫的個性，「在東床上袒腹臥，如不聞」，結果反而獲得青睞。

郗鑒所欣賞的，是不做作的自然本性，因為唯有真實的面貌才會持續一生。若是為了討好別人而裝模作樣，將來結婚之後還能如此文雅嗎？對王羲之來說，挑女婿是別人在決定，誰能預測其判斷標準？因此，與其遷就別人而委屈自己，不如老老實實表現自己平常的生活態度，「得之我幸，不得我命」，世事豈可強求？

莊子在念書方面是高材生，司馬遷在《史記》中說他「其學無所不窺」，該念的書都沒有錯過。但是，莊子是個書呆子嗎？當然不是，他擅長在歷史中找材料，同時以他敏銳的眼光提出道家的觀點。道家有什麼樣的觀點呢？簡單說來，就是要從「整體」來看待萬物的變化。既然一切變化都含括在整體中，我們又何必在意一時的得失成敗呢？既然人生的起起伏伏也在這個整體中，我們又何必放棄真實的自我呢？放棄自我，所得到的又有什麼價值呢？莊子將會反覆叮嚀我們這一類的道理。

◆ ◆ ◆

## 《莊子・田子方》（見《莊子解讀》21・7 p.319）

百里奚爵祿不入於心，故飯牛而牛肥，使秦穆公忘其賤，與之政也。有虞氏死生不入於心，故足以動人。宋元君將畫圖，眾史皆至，受揖而立，舐筆和墨，在外者半。有一史後至者，儃儃然不趨，受揖不立，因之舍。公使人視之，則解衣般礴臝。君曰：「可矣，是真畫者也。」

## 2. 大鵬的寓言

翻開《莊子》一書，第一篇是〈逍遙遊〉，而映入眼簾的第一個故事，則是「鯤化為鵬」的奇談怪論。不過莊子好像非常在意這樣的故事情節，居然在〈逍遙遊〉中反覆說了三次。若想了解莊子，似乎不能錯過這個寓言。

首先，莊子說：「北海有一條魚，名字叫鯤。鯤的體型龐大，不知有幾千里。牠變化為鳥，名字叫鵬。鵬的背部寬闊，不知有幾千里。牠奮起高飛時，雙翅張開有如天邊的雲朵。這隻巨鳥，在海風大作時，就會遷徙到南海去。南海，是一個天然大池。」

這樣的描述讓人過目難忘，「不知其幾千里也」根本是誇張到胡言亂語的程度。莊子的目的是要迷惑我們的想像力，逼我們擺脫日常生活的所見所聞，使我們無法意識清醒地詢問：真有這樣的鯤與鵬嗎？牠們又在何處？魚真的可以變成鳥嗎？

大概是猜到讀者的反應了，莊子隨即引述《齊諧》（古代記載怪異事件的書）。這本書上說：「當大鵬要往南海遷徙時，水面激起三千里波濤，牠拍翅盤旋而上，飛到九萬里的高空。牠是乘著六月颳起的大風而離開的。」這裡描述了大鳥飛行的時機、方法與情景，好像真有目擊者一般。莊子喜歡夾敘夾議，忍不住在此補充幾句：「野馬似的空中遊氣，四處飛揚的塵埃，都是活動的生物被大風吹拂所造成的。天色蒼蒼，那是天空真正的顏色嗎？還是因為遙遠得看不出盡頭的結果？從天空往下看，也不過是像這樣的情況吧！」

我們在地面上仰望天空，其色深藍，顯示一種永恆幽靜的趣味。誰不嚮往「天上宮闕」？莊子卻能逆向運思，憑藉大鵬的眼角餘光，從高空往下看，發現只要從遠距離外觀賞，地面上的一切也是同樣的美妙。美國太空人從月球回眸人類所居住的地球時，不禁脫口讚曰：「地球真美！」那麼，我們這些地球人是否也可以換個角度、調整心態，珍惜我們生活周遭所見的事物呢？

莊子稍加評論之後，接著引述第三個版本。

商湯詢問棘，得到這樣的說法：「在北方草木不生的更北方，有一片廣漠無涯的大海，是個天然大池。那裡出現一條魚，魚身寬達幾千里，沒有人知道牠有多長。牠的名子叫鯤。那裡出現一隻鳥，名字叫鵬，牠的背像泰山那麼高，雙翅有如天邊的雲朵。牠拍翅盤旋上升，直到九萬里的高空，凌越雲氣，背靠青天，然後飛向南方，準備前往南海。」這裡的描寫比較詳細，但是並未提及魚化為鳥。不過，在同一個地方怎能同時存在兩個巨大無比的東西呢？並且，鳥一出現就不再談魚，可見這依然是魚化為鳥的同一個故事。棘的話還有一小段後續結語，錄之於下：

「水澤邊的麻雀譏笑大鵬說：『牠要飛到哪裡去呢？我一跳躍就飛起

來，不到幾丈高就落下，在蓬蒿草叢中翱翔，這也是飛行的絕技啊！牠還要飛到哪裡去呢？』」

麻雀代表一般百姓，他們不明白人生的道理。莊子的意思是：魚需要水，限制較大；鳥需要空氣，拘束少多了；鳥若飛到高空，就可以不費力氣而自由飛翔。把這個寓言說實了，就是：人若經由適當的修練，可以啟動內在的能量，逐步減少外物的干擾，有如「鯤化為鵬」。當然，這裡所強調的「大」字是個關鍵，意思是要敞開心胸，容納萬物。

歷史上注解《莊子》最有名的學者是晉朝的郭象。他的注解說：大鵬與麻雀「小大雖差，各適其性，苟當其分，逍遙一也」。這樣的注解顯然「誤解」了莊子說寓言的用心。如果「小大各適其性」，莊子何必三度引述鯤鵬故事？如果「同樣逍遙」，莊子豈不是庸人自擾，寫下幾萬字的著作？由此可知，我們今天花些時間重溫《莊子》一書，應該是合宜的，也應該會獲得不少啟發。

## 《莊子・逍遙遊》（見《莊子解讀》1・1 p.12，1・2 p.13，1・6 p.17）

北冥有魚，其名為鯤。鯤之大，不知其幾千里也。化而為鳥，其名為鵬。鵬之背，不知其幾千里也。怒而飛，其翼若垂天之雲。是鳥也，海運則將徙於南冥。南冥者，天池也。

《齊諧》者，志怪者也。《諧》之言曰：「鵬之徙於南冥也，水擊三千里，摶扶搖而上者九萬里，去以六月息者也。」野馬也，塵埃也，生物之以息相吹也。天之蒼蒼，其正色邪？其遠而無所至極邪？其視下也，亦若是則已矣。

湯之問棘也是已：「窮髮之北，有冥海者，天池也。有魚焉，其廣數千里，未有知其修者，其名為鯤。有鳥焉，其名為鵬，背若泰山，翼若垂天之雲，摶扶搖羊角而上者九萬里，絕雲氣，負青天，然後圖南，且適南冥也。斥鴳笑之曰：『彼且奚適也？我騰躍而上，不過數仞而下，翱翔蓬蒿之間，此亦飛之至也，而彼且奚適也？』」此小大之辯也。

# 3. 夢中的蝴蝶

提起莊子，大家都會想到他曾經做夢變成蝴蝶的趣事。唐朝詩人李商隱在他的〈錦瑟〉詩中，以一句「莊生曉夢迷蝴蝶，望帝春心托杜鵑」，更使「莊周夢蝶」的故事成為莊子留給後人的典型印象。

這個典故的原文其實很短，有如《莊子．齊物論》的壓軸小結。請看：「從前莊周夢見自己變成蝴蝶，真是一隻自在飛舞的蝴蝶，十分開心得意，不知道還有莊周的存在。忽然醒過來，發現自己就是一個僵臥不動的莊周，不知道是莊周夢見自己變成蝴蝶呢？還是蝴蝶夢見自己變成莊周呢？莊周與蝴蝶一定各有自然之分。這種夢境所代表的，就稱為物我同化。」

做夢是十分普遍的經驗，像「日有所思，夜有所夢」，幾乎是個自然的現象。但是，當我們想起過去發生的事，不是也有「如夢似幻」之感，簡直讓人無法分辨孰真孰假嗎？莊子在同一篇文章稍前，早就分析過夢的問題，並且把人生也看成一場夢。

他說：「一個人，晚上夢見飲酒作樂，早上起來卻悲傷哭泣；晚上夢見悲傷哭泣，早上起來卻打獵作樂。人在夢中，不知道自己在做夢。在夢中還要問夢的吉凶如何，醒來後才知道在做夢。要有大清醒，然後才知道這是一場大夢。但是愚人自以為清醒，好像自己什麼都知道。整天君啊，臣啊，真是淺陋極了！」

依此看來，人生應該怎麼安排才好呢？難道莊子會期望我們糊裡糊塗過日子，因為「大清醒」實在太困難了？或者，即使做到「眾人皆醉我獨醒」，那麼我的清醒在眾人眼中會不會反而成了離經叛道的怪異現象呢？為了釐清問題的癥結，必須辨明莊子所謂的「物化」（物我同化）是什麼意思。

一方面，莊周與蝴蝶「各有自然之分」，亦即，若是莊周，就接受自己是個「僵臥不動的」、與別人格格不入的、在世間走投無路的這樣一個人；若是蝴蝶，那就「自在飛舞、開心得意」，盡情享受生命的喜悅吧！另一方面，不管你是莊周還是蝴蝶，其實都是一個整體中的一小部分，而整體中的一切都在互相轉化啊！

《莊子．知北遊》有一段對話，直接答覆了有關「物我同化」的問題。

舜請教丞說：「道可以獲得而擁有嗎？」丞說：「你的身體都不是你所擁有的，你怎麼能擁有道呢？」舜說：「我的身體不是我所擁有的，那麼是誰擁有它呢？」丞說：「它是天地所賦與的形體；生存不是你所擁有的，是天地所賦與的中和之氣；性命不是你所擁有的，是天地所賦與的順應過程；子孫不是你所擁有的，是天地所賦與的蛻變結果。所以，行路不知去處，居住不知保養，飲食不知滋味。這一切都是天地間變動的氣，又怎麼可能被你擁有呢？」

原來，我們所見的一切都是「氣」的變化。天代表主動的陽氣，地代表受動的陰氣，兩者搭配而化生了萬物。既然如此，物我同化就十分自然了。若要抵達這樣的觀點，還有一個關鍵的念頭，那就是分辨「我有」與「我是」。

所謂「我有」，是指肯定自己擁有「身體、生存、性命、子孫」。莊子已經清楚告訴我們這是無法成立的想法。至於「我是」，則是肯定自己「即是」或「等於」這四者。理由是：我與這四者都是天地所造就的。說得更淺顯一些，就是不要執著於自我的存在，以為自己是個可以擁有某些東西的主宰者。

如此說來，莊子不是有些消極嗎？其實不然。他認為，人的生命包含了身體與心智，但是另外還有更高的精神層次。宇宙萬物的變化也許真是一場夢，但是做夢的人一旦清醒，就會覺悟人生的可貴在於展現精神層次的意境。這才是莊子立說的用心所在。

◆ ◆ ◆

**《莊子・齊物論》**（見《莊子解讀》2・17 p.52，2・14 p.48）

昔者莊周夢為胡蝶，栩栩然胡蝶也。自喻適志與！不知周也。俄然覺，則蘧蘧然周也。不知周之夢為胡蝶與？胡蝶之夢為周與？周與胡蝶則必有分矣。此之謂物化。

夢飲酒者，旦而哭泣；夢哭泣者，旦而田獵。方其夢也，不知其夢也。夢之中又占其夢焉，覺而後知其夢也。且有大覺而後知此其大夢也，而愚者自以為覺，竊竊然知之。君乎，牧乎，固哉！

**《莊子・知北遊》**（見《莊子解讀》22・5 p.332）

舜問乎丞曰：「道可得而有乎？」曰：「汝身非汝有也，汝何得有夫道？」舜曰：「吾身非吾有也，孰有之哉？」曰：「是天地之委形也；生非汝有，是天地之委和也；性命非汝有，是天地之委順也；子孫非汝有，是天地之委蛻也。故行不知所往，處不知所持，食不知所味。天地之彊陽氣也，又胡可得而有邪？」

# 4. 魚的快樂

莊子對自然界的觀察與欣賞，既廣泛又深入。他的比喻與寓言也經常參酌各種動物與植物的生命姿態及情趣。譬如，〈逍遙遊〉一開始的「北冥有魚，其名為鯤」，就是極為生動的例子。

像鯤這種巨魚難免是想像中物，那麼一般的魚呢？莊子在〈大宗師〉提醒人們化解對生死與仁義的執著時，特別以魚為喻，說：「泉水乾涸了，幾條魚一起困在陸地上，互相吹氣來濕潤對方，互相吐沫來潤澤對方，這實在不如在江湖中互相忘記對方。」

我們常常記得誰是好人、誰是壞人，誰是大官、誰是小民，結果活在世間一點都不自在。莊子順著上述說法，繼續指出：「魚在水中相處合適，人在道中相處合適。在水中相處合適的，在池塘中游動就供養充足了。在道中相處合適的，閒居無事就性情安定了。所以說，魚在江湖中可以互相忘記，人在道術中可以互相忘記。」

由此可見，莊子希望我們向魚看齊，學習魚兒在水中的悠然自得，而千萬不要像脫離泉水的那幾條魚。但是，人類遠離大道已經很久很久了，期許大家互相忘記早就不太可能了。這種期許倒有些像是孟子所嘲諷的「緣木求魚」。

話題回到魚的身上。如果要談魚的快樂，當然必須先仔細念完《莊子．秋水》的著名故事。其文如後：

莊子與惠子在濠水的橋上遊覽。莊子說：「白魚在水中，從容地游來游去，這是魚的快樂啊。」惠子說：「你不是魚，怎麼知道魚快樂呢？」

莊子說：「你不是我，怎麼知道我不知道魚快樂呢？」惠子說：「我不是你，當然不知道你的情況；而你也不是魚，所以你不知道魚快樂，這樣就說完了。」

莊子說：「還是回到我們開頭所談的。你說『你怎麼知道魚快樂』這句話時，你已經知道我知道魚快樂才來問我。我是在濠水的橋上知道的啊！」

凡是辯論，往往是說出最後一句話的人贏了，因為他使對方無話可答。事實上，有些人會認為莊子在詭辯，因為他依然沒有講清楚他是如何知道魚快樂的。但是，以辯論著稱的惠子，自認為辯才天下第一的惠子（見〈天下〉），為什麼聽了莊子的幾句話就啞口無言了呢？

首先，我們站在惠子的立場，主張莊子不是魚，所以不應該會知道魚快樂。但是莊子反問他：「你不是我，怎麼知道……？」惠子接著的反詰就出大問題了，因為他先退一步，承認自己不是莊子，所以無法知道莊子的情況。如此一來，天下沒有任何兩個人可以互通訊息。不僅如此，人類使用的語言也將失去作用，因為它無法傳達情意。惠子等於否定了語言的價值，既然如此，他又憑什麼在聽到莊子說的話之後，提出質疑呢？

莊子抓住這一點，先指出語言仍有溝通的作用，亦即他說的話使惠子「知道」他在說什麼。既然如此，我們不是可以進一步肯定人與動物之間也可以互相溝通嗎？

原來惠子以為用「我不是你」的託詞來退一步，可以駁倒莊子。現在，卻反而因為自己「聽了莊子的話而知道他在說什麼」，以致陷入自相矛盾的困境。他畢竟是個高手，知道再說任何話都是輸定了，所以只好甘拜下風。

其次，莊子除了肯定語言是人與人的溝通工具之外，還認為人與動物也可以互動，其方法是藉由「生命姿態」。譬如，回到本文開頭的那一句，「白魚在水中，從容地游來游去，這是魚的快樂啊。」這是白魚以其生命姿態顯示牠的快樂。莊子以一種簡單而單純的「移情作用」，就把握住魚的快樂，實在令人讚嘆。

人類發明語言，但是也受制於語言，有時口是心非，有時言不由衷。如果再切斷人與自然萬物的聯繫管道，人生實在太無趣了。莊子的「魚樂」之辯為我們打開了新天地。

◆◆◆

**《莊子．大宗師》**（見《莊子解讀》6．4 p.102，6．10 p.113）

泉涸，魚相與處於陸，相呴以溼，相濡以沫，不如相忘於江湖。

孔子曰：「魚相造乎水，人相造乎道。相造乎水者，穿池而養給；相造乎道者，無事而生定。故曰：魚相忘乎江湖，人相忘乎道術。」

**《莊子．秋水》**（見《莊子解讀》17．15 p.260）

莊子與惠子遊於濠梁之上。莊子曰：「儵魚出游從容，是魚樂也。」惠子曰：「子非魚，安知魚之樂？」莊子曰：「子非我，安知我不知魚之樂？」惠子曰「我非子，固不知子矣；子固非魚也，子之不知魚之樂，全矣。」莊子曰：「請循其本。子曰『汝安知魚樂』云者，既已知吾知之而問我。我知之濠上也。」

# 5. 承蜩與捶鉤

莊子的寓言中，常以小人物的小故事為題材，但是其中蘊涵了修行的祕訣。我特地把兩則寓言擺在一起，再做一番省思。首先，《莊子．達生》記載一則以孔子為配角的故事。

孔子到楚國去，經過一片樹林，看見一個彎腰駝背的老人在黏蟬，好像在地上撿東西一樣。孔子說：「您的技巧高明啊，有什麼訣竅嗎？」

老人說：「我有訣竅，經過五、六個月的練習，我在竹竿頂上放兩顆彈丸而不會掉落，這樣去黏蟬就很少失手了；接著，放三顆彈丸而不會掉落，這樣失手的機會只有十分之一；等到放五顆彈丸而不會掉落，黏蟬就好像在地上撿東西一樣了。我站穩身體，像是直立的枯樹幹；我舉起手臂，像是枯樹上的枯枝。天地雖大，萬物雖多，我所察覺的只有蟬翼。我不會想東想西，連萬物都不能用來交換蟬翼，這樣怎麼會黏不到呢？」

孔子回頭對弟子們說：「用心專一而不分散，表現出來有如神明的作為。說的就是這位彎腰駝背的老人啊！」

本文標題所謂的「承蜩」，就是「黏蟬」的意思。這位老人的修練方法，是在竹竿頂端繫上彈丸。我小時候住在鄉下，黏蟬是每年夏天的主要遊戲項目，成功率大約接近一半。竹竿頂端繫上彈珠，自然搖晃不定，要黏到蟬也更為困難。唯其困難，所以能培養過人的本事。然而，真正的關鍵是老人所說的：「雖天地之大，萬物之多，而唯蜩翼之知。吾不反不側，不以萬物易蜩之翼。」專注到這種地步，實在讓人驚訝。難怪孔子會以「用志不分，乃凝於神」一語來讚美他了。我們無論從事任何行業，或學習任何技藝，能以黏蟬老人為典範，又怎麼可能不成功呢？

其次，是關於「捶鉤」的寓言。我們先說明「鉤」是什麼。鉤是帶鉤，為古代男子腰帶上的飾品，算是相當貴重的工藝品，所以才會有「竊鉤者誅」（偷帶鉤的要處死）這樣的說法，也才會有「以鉤注者憚」（用帶鉤做賭注的人，就會心存恐懼）這樣的情況。

《莊子．知北遊》記載一段小故事，其文如後：

大司馬（大將軍）家中有一個製作腰帶帶鉤的人，已經八十歲了，他所做的帶鉤沒有絲毫差錯。大司馬問他：「你是有技巧呢？還是有道術？」

老工匠回答說：「我有持守的原則。我二十歲就喜歡做帶鉤，對別的東西根本不看，不是帶鉤就不仔細觀察。我用心於此，是因為我不用心於別的東西，才能專於此用，那麼何況是無所不用心的人呢？萬物怎能不助成他呢？」

這位老人從二十歲開始做帶鉤，現在已經高齡八十。他以兩句話說明自己的態度，就是：「於物無視也，非鉤無察也。」這種態度與前述承蜩丈人「不以萬物易蜩之翼」，不是如出一轍嗎？

他的用心集中在製作帶鉤上面，而對帶鉤之外的其他一切都毫不用心。就像發明家愛迪生（T. Edison）在專心研究時，把手錶當成雞蛋放到水中去煮一樣，對於科學研究之外的事物實在是不用心之至。有所不用心，才能有所用心。這是我們可以理解的。但是，捶鉤老人最後說，萬物會助成「無所不用心之人」，這又是什麼意思呢？

由語意看來，「無所不用心」即是「無所用心」，也就是不存任何特定目的，對一切都能做到順其自然。正如一個人「無為」，結果則是一切都自然走上軌道的「無不為」。像這樣的處世態度，「萬物怎能不助成他呢？」

承蜩與捶鉤的主角都是老人，他們經由一生的修練而展現卓絕的技藝，亦即把規則內化為本能，對於別人看來極為困難之事，他們不但可以舉重若輕，並且做起來有如行雲流水。於是，工作與娛樂合而為一，生命的每一個剎那都閃現耀眼的光彩。

◆◆◆

**《莊子·達生》**（見《莊子解讀》19．4 p.277）

仲尼適楚，出於林中，見痀僂者承蜩，猶掇之也。仲尼曰：「子巧乎，有道邪？」曰：「我有道也。五六月累丸二而不墜，則失者錙銖；累三而不墜，則失者十一；累五而不墜，猶掇之也。吾處身也，若厥株拘；吾執臂也，若槁木之枝。雖天地之大，萬物之多，而唯蜩翼之知。吾不反不側，不以萬物易蜩之翼，何為而不得！」孔子顧謂弟子曰：「用志不分，乃凝於神。其痀僂丈人之謂乎！」

**《莊子·知北遊》**（見《莊子解讀》22．12 p.342）

大馬之捶鉤者，年八十矣，而不失豪芒。大馬曰：「子巧與！有道與？」曰：「臣有守也。臣之年二十而好捶鉤，於物無視也，非鉤無察也。是用之者，假不用者也，以長得其用，而況乎無不用者乎？物孰不資焉！」

# 6. 遊刃有餘

「庖丁解牛」是莊子著名的寓言。一個廚房裡負責宰殺牛隻的廚師，居然成為寓言的主角，並且使國君領悟「養生」的道理。誰說技術不能提升為藝術，進而與大道結合，顯示自在逍遙的趣味呢？

《莊子．養生主》如此寫著：

有一名廚師，替文惠君支解牛隻。他手所接觸的，肩所依靠的，腳所踩踏的，膝所抵住的，無不嘩嘩作響；刀插進去，則霍霍有聲，無不切中音律；既配合〈桑林〉舞曲，又吻合〈經首〉樂章。文惠君說：「啊！好極了！技術怎能達到這樣的地步呢！」

這一段在說什麼？庖丁面對體型龐大的牛隻，要用到手、肩、腳、膝，最後當然還要下刀。凡是因而發出聲響的，都切中音律，有高低音也有節拍，好像在演奏樂曲。〈桑林〉是商湯在桑林求雨時所製作的舞樂，〈經首〉則是堯（也有說是黃帝）製作的《咸池》中的一章。總之，血淋淋的屠牛過程，竟然有如最文雅的音樂演奏。

既然文惠君表達了他的讚嘆與疑惑，庖丁自然要說個道理出來。這名廚師放下刀，回答說：

「我所愛好的是道，已經超過技術層次了。我最初支解牛隻，所見到的都是一整隻牛；三年之後，就不曾見到完整的牛了。以現在的情況而言，我是以心神去接觸牛，而不是用眼睛去看牛，感官作用停止而心神充分運作。依照牛自然的生理結構，劈開筋肉的間隙，導向骨節的空隙，順著牛本來的構造下刀。連經脈相連、骨肉相接的地方都沒有碰到，何況是大骨頭呢！」

在此，有兩個語詞值得注意，一是「依乎天理」，二是「因其固然」。這兩句話原來說的是牛的「自然的條理」與「本來的構造」，後來則成為人們處世的指標，亦即要設法像X光透視一般，看穿我們所面對的狀況之「天理」與「固然」，然後順著條理與結構去化解其中的困難。庖丁繼續說：

「好廚師每年換一把刀，因為是用刀割肉；普通的廚師每月換一把刀，因為是用刀砍骨頭。如今我這把刀已經用了十九年了，支解過數千頭牛，而刀刃還像剛從磨刀石上磨過一樣。牛的骨節之間有空隙，而我的刀刃薄得沒有什麼厚度；以沒有厚度的刀刃切入有空隙的骨節，自然寬綽而有活動的餘地了。所以用了十九年，刀刃還像新磨過的一樣。雖然如此，每當遇到筋骨交錯的部分，我知道不好處理，都會特別小心謹慎，目光集中，舉止緩慢，然後稍一動刀，牛的肢體就分裂開來，像泥土一樣散落地上。我提刀站立，環顧四周，意態從容而志得意滿，然後把刀擦乾淨，收藏起來。」文惠君說：「好啊！我聽了廚師這一番話，懂得養生的道理了。」

庖丁描述他的解牛過程，由此形成了「遊刃有餘」這句充滿自信的成語。閱讀這段文字，會覺得牛隻在他手上好像沒受什麼痛苦，死得也算相當自然了。庖丁解完牛之後，「提刀而立，為之四顧，為之躊躇滿志」。《莊子．田子方》描寫孫叔敖在楚國擔任宰相，三上三下，都能泰然自若時，也使用類似的筆法，就是「方將躊躇，方將四顧」（我正躊躇得意，我正環顧四周）。差別在於：孫叔敖是一位宰相，而庖丁只是個廚師。

由此可以知道，在莊子心目中，沒有地位高低、職業貴賤的分別。一個人只要安於自己的工作，在固定的規範中精益求精，從技術提升到藝術，抵達出神入化的程度，就可以覺悟「遊刃有餘」的妙趣，然後不妨在其中享受「躊躇滿志」的快樂。

文惠君說他領悟了養生的道理，我們學到了什麼？把「依乎天理」、「因其固然」、「遊刃有餘」這三句成語連在一起，似乎也符合養生的道理了。

◆ ◆ ◆

**《莊子．養生主》**（見《莊子解讀》3．2 p.55，3．3 p.56）

庖丁為文惠君解牛，手之所觸，肩之所倚，足之所履，膝之所踦，砉然嚮然，奏刀騞然，莫不中音，合於〈桑林〉之舞，乃中〈經首〉之會。文惠君曰：「譆，善哉！技蓋至此乎？」

庖丁釋刀對曰：「臣之所好者道也，進乎技矣。始臣之解牛之時，所見無非牛者；三年之後，未嘗見全牛也；方今之時，臣以神遇而不以目視，官知止而神欲行。依乎天理，批大郤，導大窾，因其固然。技經肯綮之未嘗，而況大軱乎！良庖歲更刀，割也；族庖月更刀，折也。今臣之刀十九年矣，所解數千牛矣，而刀刃若新發於硎。彼節者有間而刀刃者無厚，以無厚入有間，恢恢乎其於遊刃必有餘地矣。是以十九年而刀刃若新發於硎。雖然，每至於族，吾見其難為，怵然為戒，視為止，行為遲，動刀甚微，謋然已解，如土委地。提刀而立，為之四顧，為之躊躇滿志，善刀而藏之。」文惠君曰：「善哉！吾聞庖丁之言，得養生焉。」

# 7. 放下的妙用

方東美先生說他年輕時在游泳池練習游泳，腳下忽然踩空喝了幾口水，越掙扎越往下沉。這時他心想放棄算了，就停止了掙扎，結果反而逐漸浮上了水面。我每次閱讀莊子兩段有關水的寓言，就會想起方老師的這段經歷。

《莊子．達生》藉孔子與顏回的對話，推展出道家的觀念。顏回請教孔子說：「我曾渡過一處叫做觴深的深淵，擺渡的人划船的技術，靈巧如神。我問他：『划船可以學得會嗎？』他說：『可以。會游泳的人很快就學會了。如果是會潛水的人，即使沒有見過船也能立刻就划。』我問他其中緣故，他卻不告訴我。請問老師，他說的是什麼意思？」

孔子說：「會游泳的人很快就學會，因為他忘記了水的存在；如果是會潛水的人，即使沒有見過船也能立刻就划，因為他把深淵看成丘陵，把翻船看成倒車。翻船倒車的各種狀況發生在眼前，他也不會放在心上；那麼他到任何地方不都是輕鬆自在嗎？用瓦片做賭注的人，技巧相當靈活；用帶鉤做賭注的人，就會心存恐懼；用黃金做賭注的人，就頭昏腦脹了。賭博的技巧是一樣的，但是有所顧忌，那是因為看重外物啊！凡是以外物為重的，內心就會笨拙。」

我小時念《水滸傳》，對有「浪裡白條」之稱的張順，印象特別深刻。他在水中就是「忘記了水的存在」，「把深淵看成丘陵」，所以表現正是「如魚得水」。一個人只要放下任何特別的罣礙，以平常心面對眼前的處境，自然可以展現應有的能力水平。孔子所謂的賭博三昧，生動地描述了賭桌上的詭譎與無奈。

《莊子．達生》另有一段與水有關的記載。

孔子在呂梁觀賞，只見瀑布有二十幾丈高，水花四濺奔騰，一流就是四十里，連黿、鼉、魚、鱉都無法在裡面游動。這時看到一個男子在游水，孔子以為是受了苦而想尋死的人，就叫弟子沿著水流設法救他。那人潛游幾百步的距離，才從水中出來，然後披頭散髮，唱著歌在堤岸下遊蕩。

孔子跟過去問他說：「我以為你是鬼，仔細看了才知道是人。請教你，游水有訣竅嗎？」那人說：「沒有，我沒有什麼訣竅。我從現成處境開始，發展天賦本性，達成命定狀況。我與漩渦一起捲入水底，再與波浪一起湧出水面，順著水勢而不由自己安排，這就是我游水的方法。」孔子再問：「什麼是從現成處境開始，發展天賦本性，達成命定狀況？」那人說：「我生在山地就安於山地，這是現成處境；成長於水中就安於水中，這是天賦本性；不知道我為什麼會這樣而還是變成這樣，這是命定狀況。」

這位泳者的生活態度是「始乎故（現成處境）、長乎性（天賦本性）、成乎命（命定狀況）」。這三點具體表現於他在水中「順著水勢而不由自己安排」。不但身體柔軟隨順，連心思也無我無執，所以在水中依然可以逍遙。

如果要結合儒家的立場，可以參考《莊子．大宗師》藉孔子與顏回的另一段對話來說明「坐忘」的道理。顏回的修練有三個階段：一是忘仁義，二是忘禮樂，三是坐忘。不必存著仁義的念頭，然後不要在意禮樂的規範。至於「坐忘」是什麼，則顏回說：「擺脫肢體，除去聰明；離開形骸，消解知識，同化於萬物相通的境界，這樣叫做坐忘。」

「能同，就沒有什麼偏私；能化，就沒有什麼執著。」這是孔子最後所下的結語。這句結語提醒我們：道家並非反對仁義及禮樂，而是期許我們運用「忘記」與「放下」的方法，以便融入時空條件與特定環境中，化解自身與外物的隔閡。能做到這一點，那麼像游泳、划船之類的水上活動也可以一學就通。

◆ ◆ ◆

## 《莊子・達生》（見《莊子解讀》19・5 p.279，19・10 p.286）

顏淵問仲尼曰：「吾嘗濟乎觴深之淵，津人操舟若神。吾問焉，曰：『操舟可學邪？』曰：『可。善游者數能。若乃夫沒人，則未嘗見舟而便操之也。』吾問焉而不吾告，敢問何謂也？」仲尼曰：「善游者數能，忘水也。若乃夫沒人之未嘗見舟而便操之也，彼視淵若陵，視舟之覆猶其車卻也。覆卻萬方陳乎前而不得入其舍，惡往而不暇！以瓦注者巧，以鉤注者憚，以黃金注者殙。其巧一也，而有所矜，則重外也。凡外重者內拙。」

孔子觀於呂梁，縣水三十仞，流沫四十里，黿鼉魚鱉之所不能游也。見一丈夫游之，以為有苦而欲死也，使弟子並流而拯之。數百步而出，被髮行歌而遊於塘下。孔子從而問焉，曰：「吾以子為鬼，察子則人也。請問：蹈水有道乎？」曰：「亡，吾無道。

吾始乎故，長乎性，成乎命。與齊俱入，與汩偕出，從水之道而不為私焉。此吾所以蹈之也。」孔子曰：「何謂始乎故，長乎性，成乎命？」曰：「吾生於陵而安於陵，故也；長於水而安於水，性也；不知吾所以然而然，命也。」

**《莊子．大宗師》**（見《莊子解讀》6．13 p.117）

顏回曰：「回益矣。」仲尼曰：「何謂也？」曰：「回忘仁義矣。」曰：「可矣，猶未也。」他日，復見，曰：「回益矣。」曰：「何謂也？」曰：「回忘禮樂矣！」曰：「可矣，猶未也。」他日，復見，曰：「回益矣！」曰：「何謂也？」曰：「回坐忘矣。」仲尼蹴然曰：「何謂坐忘？」顏回曰：「墮肢體，黜聰明，離形去知，同於大通，此謂坐忘。」仲尼曰：「同則無好也，化則無常也。而果其賢乎！丘也請從而後也。」

# 8. 龍的傳說

《倚天屠龍記》是金庸一本武俠小說的書名，其中「屠龍」一詞源自於莊子。《莊子．列禦寇》只用了短短一句話來說這件事。

原文是：朱泙漫向支離益學習屠龍術，耗盡千金家財，三年後學成了，但是沒有機會施展他的技術。

我們由此可以猜測：一，屠龍術很難學會，要花三年時間；二，屠龍術的學費很貴，會讓人耗盡家財；三，學會屠龍術之後，找不到龍來下手。問題是：龍究竟是什麼樣的動物？或者，龍真的存在嗎？

首先，龍應該是存在的，不然古代那些談論龍的資料是怎麼回事？像

《易經》乾卦所描寫的「潛龍勿用、見龍在田、飛龍在天、亢龍有悔」，怎麼可能全屬虛構？這一點稍後再做說明。

其次，《莊子．列禦寇》另外談到一段有關「驪龍」（黑龍）的寓言。他說：「河邊有一家窮人，靠編織蘆葦為生，做兒子的潛入深淵，得到價值千金的寶珠。做父親的對他說：『拿石頭來敲碎它！千金寶珠一定藏在九重深淵黑龍的頷下，你能取得寶珠，一定是碰到牠正在睡覺。如果黑龍是醒的，你還能保住小命嗎？』」

由此可知，龍是深淵中的怪獸，可以輕易置人於死地。最近有人主張龍是一種鱷魚，並非毫無根據。問題是：鱷魚真有像古書所描寫的龍一般神奇嗎？我們現在所知的鱷魚實在呆板無趣又笨重無比，怎麼聯得上「飛龍在天」的意境呢？

《莊子．天運》終於提供了比較完整的描述。原文是記載孔子拜訪老聃之後，眼界大開，「整整三天不講話」；弟子們請教是怎麼回事，孔子說：「我到現在才在那兒見到了龍！龍，合起來成為一個整體，散開來成為錦繡文章，駕著雲氣，翱翔於天地之間。」

孔子確曾拜訪過老子。《史記．老子韓非列傳》記載此事，也談到孔子對弟子說的話，其文稍有不同。孔子說：「至於龍，吾不能知。其乘風雲而上天。吾今日見老子，其猶龍邪！」

依此看來，龍果然是可以飛翔的，並且是乘著雲氣而上天，正好符合《易經》所描寫的「雲從龍，風從虎」。既然如此，我們可以推斷說：龍是三棲動物，可以生活於水中，陸地上以及天空中。換言之，《易經》所謂的「潛龍」、「在田之龍」、「飛天之龍」就真相大白了。不過，《易經》充滿了象徵語言，它的興趣不在介紹龍的特質，而是借用龍來象徵一個人處在不同位階時的狀態，進而提出適當的因應方法。

莊子筆下有一些登峰造極的修行者，其中有名為「神人」的，可以算是最為奇妙。《莊子．逍遙遊》這樣形容神人：「他的肌膚有如凝雪，柔美有如處女；他不吃五穀，只是吸清風、飲甘露；他乘著雲氣，駕御飛龍，遨遊於四海之外……」在此，「乘著雲氣，駕御飛龍」一語也符合本文前面對飛龍的描述。但是，經過此一轉折借用，「龍」就從具體的生物蛻變為用來象徵神人的某種不凡的能耐了。

莊子多次使用「尸居而龍見」一語，意思是「安居不動而活力展現」，亦即以「龍」作為「活力」的代表了。一個人可以身如槁木，心如死灰，從外表看來淵靜沉默，但是同時卻又展示無限的能量，可以遨遊於天地之間、四海之外，簡直是逍遙自在到極點了。這樣的「龍」才應該是莊子所津津樂道的。

朱泙漫找不到龍，大概是因為龍都被神人駕著飛上天去了。他如果冒險潛入深淵，找到黑龍一決勝負，結果尚難預料，恐怕勝算不大。總之，閱讀《莊子》，心情不妨輕鬆一些，不必執著於龍的生物形象。

◆ ◆ ◆

**《莊子．列禦寇》**（見《莊子解讀》32．3 p.483，32．8 p.489）

朱泙漫學屠龍於支離益，單千金之家，三年技成而無所用其巧。

莊子曰：「河上有家貧恃緯蕭而食者，其子沒於淵，得千金之珠。其父謂其子曰：『取石來鍛之！夫千金之珠，必在九重之淵而驪龍頷下，子能得珠者，必遭其睡也。使驪龍而寤，子尚奚微之有哉！』」

**《莊子．天運》**（見《莊子解讀》14．11 p.226）

孔子見老聃歸，三日不談。弟子問曰：「夫子見老聃，亦將何規哉？」孔子曰：「吾乃今於是乎見龍！龍，合而成體，散而成章，乘乎雲氣而養乎陰陽。」

**《莊子．逍遙遊》**（見《莊子解讀》1．9 p.21）

肌膚若冰雪，淖約若處子；不食五穀，吸風飲露；乘雲氣，御飛龍，而遊乎四海之外。

# 9. 外化而內不化

莊子思想不論如何精妙宏偉，最後總要落實於日常生活中。這時如果選擇一句簡單扼要的口訣，大概就會考慮「外化而內不化」了。我們先辨明這句話的出處，再做深入的發揮。

《莊子．知北遊》藉孔子之口教導顏回說：「古代的人，隨外物變化而內心保持不變；現在的人，內心多變而不能隨外物變化。能隨外物變化的人，就是因為內心持守不變。他能安於變化，也能安於不變化。要能安然與變化相順應，就須合乎分寸。」

那麼，如何做到「外化而內不化」呢？先談「外化」，它的要旨在於依循世間的規範。就此而論，莊子與儒家並無太大的歧異。儒家怎麼做呢？儒家肯定個人的生命不能離開群體，也只有在群體中（如家、國家、天下）才可完成個人生命的目的。大前提是「真誠」，要忠於內心的感受；接著，在與別人相處時，要經由溝通而了解別人對自己的期許；然後，還須設法遵守既定的社會規範，因為任何一種人際關係都有其約定俗成（包括禮儀與法律）的正確模式，若是有所違背，就會引起非議。

因此，我們在與別人相處時，把握三個原則：一，內心感受要真誠；二，對方期許要溝通；三，社會規範要遵守。言行配合這三點，則「外化」水到渠成。可惜的是，現在的人早就陷入「外不化」的困境中了，他們忽略內心的真誠，一意孤行而不顧對方的期許，對於社會規範則陽奉陰違而妄圖僥倖。如此將使自己面臨層出不窮的壓力與矛盾衝突，從而人生的快樂也變得遙不可及了。至於現在的人所表現的「內化」，則是因為不明白「道」（究竟真實），以致既無信念也無智慧，心隨念轉，念依物起，茫然而無所適從。資訊多而知識少，更與智慧無緣。「內化」到後來，根本忘了內在還有一個可貴的自我。

再回到莊子所主張的「外化而內不化」。莊子喜歡使用「不得已」一詞，《莊子．人間世》說得很明白：「順著萬物的自然狀態，讓心神自在遨遊；把一切寄託於不得已，由此涵養內在自我；這就是自處的最高原則了。」所謂「不得已」，是指「在各種條件成熟時，就須順其自然」。因此，重點在於：如何判斷做一件事時，各種條件是否成熟？世事變化無常，人間並無定法，因此這種「判斷」所需要的清明心態與整體觀點，正是最困難的挑戰。

《莊子．應帝王》藉無名人之口說：「你讓心思安靜下來，讓精神無動於衷，然後順著萬物本來的樣子，不去妄自作為，這樣天下就治理好了。」另一段記載則說：「至人的用心就像鏡子一樣，對外物的來去，既不迎也不送，只反映而不留存，所以能夠承受萬物變化而沒有任何損傷。」

「外化」須以「內不化」為依據，而「內不化」是指內心覺悟了話。

「道」。將這兩者合而論之，說得較為完整的，是《莊子．秋水》的一段

「了解道的人，必定通達條理；通達條理的人，必定明白權宜；明白權宜的人，不會因為外物而傷害自己。保存至高天賦的人，火不能燒傷他，水不能淹沒他，嚴寒酷暑不能損傷他，飛禽走獸不能侵害他。」人若覺悟了「道」，將可保存「德」（天賦），然後效果神妙無比。原文繼續寫著：「這不是說他敢於接近這些東西，而是說他能夠明察安危，善處禍福，謹慎進退，因此什麼也不能傷害他。所以說，自然存於內心，人為表現在外，天賦就安立於自然之中。了解人的行動是本於自然而處於天賦之中，就可以在進退時屈伸自如，回歸根本而體悟源頭了。」

「外化而內不化」可以有不同的說法，如「順人而不失己」，「知其不可奈何而安之若命」，「安時而處順，則哀樂不能入」，「得其環中，以應無窮」。學會這一點，才可與莊子成為莫逆之交的朋友。

◆ ◆ ◆

**《莊子．知北遊》**（見《莊子解讀》22．14 p.344）

仲尼曰：「古之人，外化而內不化，今之人，內化而外不化。與物化者，一不化者也。安化安不化，安與之相靡，必與之莫多。

**《莊子．人間世》**（見《莊子解讀》4．9 p.72）

且夫乘物以遊心，託不得已以養中，至矣。

**《莊子．應帝王》**（見《莊子解讀》7．3 p.122，7．7 p.128）

無名人曰：「汝遊心於淡，合氣於漠，順物自然而無容私焉，而天下治矣。」

**《莊子．秋水》**（見《莊子解讀》17．8 p.251）

北海若曰：「知道者必達於理，達於理者必明於權，明於權者不以物害己。至德者，火弗能熱，水弗能溺，寒暑弗能害，禽獸弗能賊。非謂其薄之也，言察乎安危，寧於禍福，謹於去就，莫之能害也。故曰，天在內，人在外，德在乎天。知夫人之行，本乎天，位乎得；蹢躅而屈伸，反要而語極。」

# 10. 精神最可貴

閱讀《莊子》時，看到他多次提及「形如槁木，心如死灰」一語，好像這是修練的必經過程。我們不免覺得疑惑：如果身體要像枯槁的樹幹，心智要像熄滅的灰燼，那麼人的生命還剩下什麼？事實上，莊子說的是比喻，他的目的是要我們減少物質欲望的誘惑，消除起心動念、盲目求知的困擾。

然而，這種說法的背後，仍有一個清楚的預設，就是：人的生命除了身與心之外，還有另一個層次，莊子稱之為「真君」、「靈台」、「靈府」、「精神」等。問題在於：這個層次不會自動展現，而須經由適當的修行與正確的覺悟。譬如，在《莊子．人間世》談到，「心齋」是指「心要齋戒」，要使心變成無知無欲的死灰狀態，然後再說這種空虛狀態就是心的齋戒。在此，關鍵話語是：「只有在空虛狀態中，道才會展現出來。」

既然已經心如死灰，「道」展現出來還有什麼意義呢？《莊子．知北遊》揭曉了答案，原文是借老子之口教導孔子說：「明白彰顯的一切，來自黑暗隱晦的源頭，有形之物來自無形之物；精神來自道，形體來自精氣；然後萬物藉著形體代代相生。」這段話裡面，最重要的當然是「精神生於道」這五個字了。

合而觀之，一方面，當我們的心智有如死灰，成為空虛狀態時，「道」才會展現出來；另一方面，我們的「精神」來自於道。因此，結論很清楚：每個人的生命中，除了身體與心智之外，還有一個稱為「精神」的層次存在，但是這個所謂的精神，必須經由修練到「悟道」的程度，才有可能真正展現出來。

由此可知，精神之展現，需要兩個條件。心齋是必要條件，亦即沒有心齋，就不可能展現精神；悟道是充分條件，若是未能覺悟道的存在，則依然談不上精神的展現。莊子哲學的祕訣正在於此。

莊子喜歡用「水」來做比喻。《莊子．天道》說：「水面靜止時，可以清楚照見鬍鬚眉毛，水的平面也合乎測量標準，可以讓大工匠取法。水面靜止時，還會顯得明亮，又何況是人的精神呢！聖人的心是清靜的，可以做為天地的明鑑，萬物的明鏡。」這段話提到「人的精神」與「聖人的心」，這是因為聖人通過心齋的階段，他的心已經「展現出」精神，進而可以說他的心「展現為」精神了。

其實每一個人的心，都可能在某些狀況下顯示精神向度。譬如，平常我的心總是考慮自己的需求，但是我這同樣的心偶爾也會走出自我中心的局限，甚至走出人類中心的局限，陶醉在大自然的美景中，暫時忘了一切煩惱，感受自由自在的喜悅之情。然而，這種偶發的情緒感受是靠不住的，也許一陣雷雨或一聲犬吠，就把我喚回了現實，然後像「莊周夢蝶」

一般，「發現自己仍是一個僵臥不動的莊周」（〈齊物論〉），原來剛才的美好感受只是一去不復返的幻覺而已。

《莊子．刻意》同樣以「水」為喻，而說得更為神奇。「水的本性，不含雜質就會清澈，不去攪動就會平靜，但是閉塞而不流動，也不會清澈；這是自然所賦與的現象。所以說：純粹而不混雜，專一而不變化，淡泊而無所作為，行動時順著自然；這是保養精神的途徑。」

人的精神有何神奇呢？莊子繼續說：「精神四通八達，無所不至，上接於天，下及於地，化育萬物，不見跡象；他的功用是與上帝一樣的。純粹樸素的道，只有精神可以保守住它；保守住它而不喪失，就會使精神變得專一；專一就能與真實相通，然後合乎自然的規則。」

正是因為這樣的精神得以展現，莊子才會想盡辦法用各種比喻與寓言來加以描述。我們與其對莊子的文筆嘖嘖稱奇，不如反觀及修練內心，看看他筆下的神妙現象能否在我們的親身體驗中得到證明的機會。

◆◆◆

**《莊子・知北遊》**（見《莊子解讀》22・6 p.333）

夫昭昭生於冥冥，有倫生於無形，精神生於道，形本生於精，而萬物以形相生。

**《莊子・天道》**（見《莊子解讀》13・1 p.196）

水靜則明燭鬚眉，平中準，大匠取法焉。水靜猶明，而況精神！聖人之心靜乎！天地之鑑也，萬物之鏡也。

**《莊子・刻意》**（見《莊子解讀》15・3 p.234）

水之性，不雜則清，莫動則平；鬱閉而不流，亦不能清；天德之象也。故曰：純粹而不雜，靜一而不變，淡而無為，動而以天行，此養神之道也。

精神四達並流，無所不極，上際於天，下蟠於地，化育萬物，不可為象，其名為同帝。純素之道，唯神是守；守而勿失，與神為一；一之精通，合於天倫。

# 11. 天人合一

翻開任何一本介紹中華文化的書，只要談到中華文化的特色，就免不了強調「天人合一」一詞。但是，「天人合一」是什麼意思？天代表自然界，人是指人類，這兩者如何合一呢？如果專就形體來說，則人死後，「塵歸塵，土歸土」，想不合一也不行，但是如此一來，動物與植物不也與天合一了嗎？

不過，人在活著時，形體顯然無法與自然合一。因此，這種合一必定是指人的精神狀態，包括：覺悟了自然與我其實是個整體，也體驗了我與自然相通為一個整體的快樂。這種覺悟與體驗，都是人的心智或精神能力，經由某種修練所達成的結果。

事實上，「天人合一」是後來的用語。《莊子．山木》首次表達這種觀點的原文是：「人與天一也。」意思是：人與自然是一個整體。隨著這句話出現的解說是：「有人為的一切，那是出於自然；有自然的一切，那也是出於自然。人為的一切不能保全自然，那是本性的問題。只有聖人能夠安然順應變化到極致。」

因此，不論人為的或自然的，皆是出於自然，就好像萬物皆源於天地一樣。但是，為什麼人為的一切不能保全自然呢？莊子認為那是人的本性的問題。簡單說來，人有認知能力，這種能力稍有偏差就會出現區分與執著，認為自己與別人是對立競爭的，並且非要勝過別人不可，然後扭曲了本性，也無法保全自然了。

《莊子．秋水》藉河伯之口說：「什麼是自然？什麼是人為？」北海若說：「牛馬生來就有四隻腳，這叫做自然；給馬頭套個勒，給牛鼻穿個孔，這叫做人為。所以說：不要以人為去摧毀自然，不要用智巧去破壞命定，不要為貪得而追逐名聲。謹守這些道理而不違失，這叫做回歸真實。」隨著文明的進展，天人合一似乎難以企及了。

《莊子．天地》特地揭示一個「忘」字訣。原文說：「人的動靜、生死、窮達，都不是自己安排得來的。一個人所能做的，是忘掉外物，忘掉自然，這樣叫做忘己。忘掉自己的人，可以說是與自然合一了。」

在達到「忘己」之前，應該還有一些修練的方法。《莊子．齊物論》認為，萬物互相形成「彼與此」，所以人類最好不要妄分是非。「使彼與此不再出現互相對立的情況」，就稱為道的樞紐。掌握了樞紐，才算掌握住圓環的核心，可以因應無窮的變化。」以清明的心去觀照一切，將可以覺悟：「天地其實就是一根手指，萬物其實就是一匹馬。」「天地一指也」，是要破除人們對大小的執著；「萬物一馬也」，是要破除人們對多少的執著。理由是：無論大小與多少，都在整體的「道」裡面。從道看來，人與自然原本都是整體中的一部分，所以何必區分為二呢？

〈齊物論〉繼續追溯萬物的根源。如果根源是同一個道，那麼我們所見的一切原本即是合一的。接著歸結出一句足以代表莊子人生境界的名言：「天地與我並生，而萬物與我為一。」天地與我一起存在，我就可以擺脫時間方面的壓力（如變化生滅）；萬物與我合為一體，我就可以免除空間方面的困擾（如大小多少）。化解了時空的局限，人的生命又是什麼情況呢？

《莊子．天地》描寫至高的神人「駕御光明，形體已被化解無遺，這叫做照徹空曠。將生命的真實完全展現，與天地同樂而沒有任何牽累，萬物也都回歸於真實。這叫做混同為深奧的一」。

由此可知，所謂天人合一，並非單純的「人與自然合一」，好像人的形體注定融化於自然中，而是「人與自然在道中合而為一」。以道為基礎，並且由道的觀點來看，人與自然才有可能合而為一。這時，人的精神狀態將顯示悟道的喜悅，在光明中完全展現生命的真實。

◆ ◆ ◆

**《莊子．山木》**（見《莊子解讀》20．9 p.305）

有人，天也；有天，亦天也。人之不能有天，性也。聖人晏然體逝而終矣。

**《莊子．秋水》**（見《莊子解讀》17．8 p.251）

曰：「何謂天？何謂人？」北海若曰：「牛馬四足，是謂天；落馬首，穿牛鼻，是謂人。故曰，無以人滅天，無以故滅命，無以得徇名。謹守而勿失，是謂反其真。」

**《莊子．天地》**（見《莊子解讀》12．9 p.183，12．13 p.189）

其動，止也；其死，生也；其廢，起也，此又非其所以也。有治在人，忘乎物，忘乎天，其名為忘己。忘己之人，是之謂入於天。

上神乘光，與形滅亡，此謂照曠。致命盡情，天地樂而萬事銷亡，萬物復情，此之謂混冥。

# 12. 無所不在的道

許多學者研究莊子，認為他的觀點是相對主義，如生死相對，善惡相對；甚至認為他有懷疑主義的心態，看萬物變化無常，什麼都靠不住。

事實上，莊子既非相對主義，也非懷疑主義，而是採取超越人類中心的思考模式，從道這個整體來看待一切，讓萬物都可以在道裡面得到充分的肯定。如果聽莊子多講幾次有關道的介紹，自然會覺得好奇而想進一步請教他了。《莊子．知北遊》有一段記載，是莊子對道所做的淺顯說明，值得仔細品味。其文如下：

東郭子請教莊子說：「所謂的道，在哪裡呢？」

莊子說：「無所不在。」

東郭子說：「一定要說個地方才可以。」

莊子說：「在螻蟻中。」

東郭子說：「為什麼如此卑微呢？」

莊子說：「在雜草中。」

東郭子說：「為什麼更加卑微呢？」

莊子說：「在瓦塊中。」

東郭子說：「為什麼越說越過分呢？」

莊子說：「在屎尿中。」

東郭子不出聲了。他不敢再問了，因為莊子的回答越來越不堪，完全異於一般人的想像。莊子所謂的道是「無所不在」的。為了說明它真的無所不在，所以要強調它在於「螻蟻、雜草、瓦塊、屎尿」，這是從動物

（昆蟲）到植物，到礦物（無生物），再到廢物。意思是：連最低賤卑微之物都有「道」在其中。

莊子接著說：「先生的問題本來就沒有觸及實質。有個市場監督官，名叫獲的，他向屠夫詢問檢查大豬肥瘦的方法，就是用腳踩在越往腿下的部分而有肉，這隻豬就越肥。你不要執著在一個地方，萬物都是無法逃離的。至高的道是如此，偉大的言論也一樣。」這裡使用了「每下愈況」一詞來說明道之無所不在。可惜的是，今天我們使用「每下愈況」一詞來說明「情況越來越糟」，變成與「每況愈下」一樣了。這種偏離原典的情形，比起「朝三暮四」可謂有過之而無不及。

由於道無所不在，我們可以「一起遨遊於無何有之鄉，混同萬物來談論，一切都是無窮無盡的啊！讓我們一起無所作為吧！恬淡又安靜啊！漠然又清幽啊！平和又悠閒啊！我的心思空虛寂寥，出去了不知到達何處，回來了不知停在哪裡；我來來往往啊，不知終點何在。翱翔於遼闊無邊的境界，運用最大的智力，也不知邊界何在。」細讀這一段描述，再回想莊子遍在全書的那些不著邊際的話語，就不免發出會心的微笑了。

莊子既然談起了道，就隨口多說幾句話作為結論，這也提供了我們理解的契機。他說：「主宰萬物的道與萬物之間沒有分際；物與物是有分際的，就是所謂萬物之間的分際。無分際的道寄託於有分際的物中，就像有分際的物寄託於無分際的道中。以盈虛衰殺來說，道使物有盈虛，而自身沒有盈虛；道使物有衰殺，而自身沒有衰殺；道使物有始終，而自身沒有始終；道使物有聚散，而自身沒有聚散。」

這一段話的重點在於指出：萬物一直處於「盈虛、衰殺、始終、聚散」的過程中，亦即一直在變化生滅之中；但是，道卻不受任何影響。這正是《老子》二十五章所說的「獨立而不改，周行而不殆」（獨立長存而不改變，循環運行而不止息）。這也點出了「無所不在」與「無所不是」的重大差異。如果「道無所不是」，則道必須隨著萬物的變化而一起變化。但是，說「道無所不在」，就可以肯定道除了遍在萬物之外，還擁有一種超越性，不會隨著萬物的變化而變化。「在」與「是」一字之差，決定了理解是否正確，所以特別值得省思。

◆◆◆

**《莊子．知北遊》**（見《莊子解讀》22．8 p.336）

東郭子問於莊子曰：「所謂道，惡乎在？」莊子曰：「無所不在。」東郭子曰：「期而後可。」莊子曰：「在螻蟻。」曰：「何其下邪？」曰：「在稊稗。」曰：「何其愈下邪？」曰：「在瓦甓。」曰：「何其愈甚邪？」曰：「在屎溺。」東郭子不應。莊子曰：「夫子之問也，固不及質。正獲之問於監市履狶也，每下愈況。汝唯莫必，無乎逃物。至道若是，大言亦然。周徧咸三者，異名同實，其指一也。嘗相與遊乎無何有之宮，同合而論，無所終窮乎！嘗相與無為乎！澹而靜乎！漠而清乎！調而閒乎！寥已吾志，無往焉而不知其所至，去而來而不知其所止，吾已往來焉而不知其所終，彷徨乎馮閎，大知入焉而不知其所窮。物物者與物無際，而物有際者，所謂物際者也。不際之際，際之不際者也。謂盈虛衰殺，彼為盈虛非盈虛，彼為衰殺非衰殺，彼為本末非本末，彼為積散非積散也。」

# 13. 最高的智慧

莊子經常批判賣弄聰明智巧的行為。《莊子．天地》有一則寓言，說子貢經過漢水南岸時，看到一個老人在菜園裡工作，抱著甕去裝井水來灌溉，花了許多力氣而效果不彰。子貢好心建議他使用桔槔這種抽水的機器。老人居然怒目相向，說：「我聽我的老師說過：『使用機械的人，一定會進行機巧之事；進行機巧之事的人，一定會生出機巧之心。機巧之心存在於胸中，就無法保持純淨狀態；無法保持純淨狀態，心神就不安定；心神不安定的人，是無法體驗大道的。』」

世間所謂的才智，無不出於「機心」（現在使用的「心機」一詞，意思稍有不同），這是現代人所謂的「工具理性」，計較如何以最少的力氣得到最大的收益。演變下來的結果固然是科技發展日新月異，但同時也使生命碎裂至一發不可收拾的地步。如果向莊子請教，他當然會提供可貴的意見，告訴我們如何可以體驗大道，展現最高的智慧。問題是：他所說的並不容易了解。

《莊子．齊物論》如此說：「古代的人，他們所知的抵達頂點了。抵達什麼樣的頂點呢？有些人認為根本不曾有萬物存在，這是到了頂點，到了盡頭，無法增加一分了。其次，有些人認為有萬物存在，但是萬物之間未曾區分。再其次，有些人認為萬物之間有區分，但是未曾有誰是誰非的爭論。是非一旦彰顯，就造成道的虧損。」

我們一般人距離最高的智慧至少隔了三層，因為大家從小就習慣在是非圈中討生活。依此看來，走向最高智慧的三個步驟是：一，超越誰是誰非的爭論，因為人間的是非總是有相對的成分，而每一個人也難免有其主觀的想法。二，超越萬物之間的區分，這正是《莊子．秋水》所謂的「以道觀之，物無貴賤」（從道的立場來看，萬物沒有貴賤之分），既然如此，何不以平等心看待一切？三，超越對萬物存在的肯定。既然萬物一直在變化之中，我們就該認真思索：萬物真的存在嗎？如果能夠覺悟「未始有物」，亦即「根本不曾有萬物存在」，那就抵達頂點，可以得到莊子所頒發的畢業證書了。

問題是：什麼叫做「未始有物」？西洋哲學史上有一個最根本的質疑，就是在面對萬物時，要詢問：「為什麼是有而不是無？」（Why is there something rather than nothing?）何以如此問？因為萬物既然生生滅滅，就顯示它沒有必然存在的理由，亦即它的本質並不包含存在。因此，萬物的不存在是合理的（可以被人理解），亦即「無一物存在」是合理的。但是，現在我們明明看到萬物存在，就不免覺得驚訝了，要問它：為何是有而不是無？為何是存在而不是不存在？

中西對照之下，莊子所謂的明白「未始有物」，就代表最高的智慧，這不是一針見血的觀點嗎？《莊子·庚桑楚》順著此一思緒，推衍得更為完整。

「古代的人，智力抵達某種境界。什麼境界呢？他們認為不曾有物存在，這是最高明的見解，已經完美了，沒有可能再超越了。其次，是認為有物存在，不過卻把出生當成喪失，把死亡當成回歸，這已經有所分別了。再其次，是認為起初是無有的，後來有了出生，出生不久就死亡；把無有當成頭，把出生當成身體，把死亡當成尾椎。誰能了解有、無、死亡、出生本來是一體的，我就與他做朋友。」

在此要指出的是，領悟最高智慧，明白「未始有物」的人，並不會因而陷入虛無主義的困境，卻反而可以由「道」的觀點重新接納萬物，因為這幾段資料的脈絡都是在闡明「道」究竟是怎麼回事。如果只看到「未始有物」而無法肯定道是「究竟真實」，則人生根本成了一場大夢，還談什麼智慧之有無高低呢？

◆◆◆

**《莊子．天地》**（見《莊子解讀》12．11 p.185）

子貢南遊於楚，反於晉，過漢陰，見一丈人方將為圃畦，鑿隧而入井，抱甕而出灌，搰搰然用力甚多而見功寡。子貢曰：「有械於此，一日浸百畦，用力甚寡而見功多，夫子不欲乎？」為圃者卬而視之曰：「奈何？」曰：「鑿木為機，後重前輕，挈水若抽，數如泆湯，其名為槔。」為圃者忿然作色而笑曰：「吾聞之吾師：『有機械者必有機事，有機事者必有機心。機心存於胸中，則純白不備；純白不備，則神生不定，神生不定者，道之所不載也。』

**《莊子．齊物論》**（見《莊子解讀》2．8 p.39）

古之人，其知有所至矣。惡乎至？有以為未始有物者，至矣，盡矣，不可以加矣。其次以為有物矣，而未始有封也。其次以為有封焉，而未始有是非也。是非之彰也，道之所以虧也。

**《莊子・秋水》**（見《莊子解讀》17・5 p.247）

以道觀之，物無貴賤。

**《莊子・庚桑楚》**（見《莊子解讀》23・6 p.358）

古之人，其知有所至矣。惡乎至？有以為未始有物者，至矣，盡矣，弗可以加矣。其次以為有物矣，將以生為喪也，以死為反也，是以分已。其次曰始無有，既而有生，生俄而死。以無有為首，以生為體，以死為尻；孰知有無死生之一守者，吾與之為友。是三者雖異，公族也，昭、景也，著戴也，甲氏也，著封也，非一也？

# 14. 天地之大美

莊子看待萬物，首先要還原萬物自身的價值。他的方法是「不以人作為中心或唯一判準」。那麼，要採取何種觀點呢？答案是：道。道是含括萬物的整體，亦即無所不在；既然如此，我們在萬物中處處可以察覺到「道」的光彩，因而可以肯定萬物皆值得欣賞，亦即無一不美。

《莊子．齊物論》做了明確的示範，其中探討「正處、正味、正色」，內容如後：

「人睡在潮濕的地方就會罹患腰痛，甚至半身不遂，泥鰍也會這樣嗎？人住到樹上，就會擔心害怕，猿猴也會這樣嗎？這三者，誰知道真正舒服的住處是哪裡？」

「人吃肉類，麋鹿吃青草，蜈蚣喜歡吃小蛇，貓頭鷹與烏鴉喜歡吃老鼠；這四者，誰知道真正可口的味道是什麼？」

「猵狙與雌猿交配，麋與鹿作伴，泥鰍與魚共游。毛嬙、麗姬是眾人欣賞的美女，但是魚兒見了她們就潛入水底，鳥兒見了她們就飛向高空，麋鹿見了她們就迅速逃跑；這四者，誰知道天下真正賞心悅目的美色是什麼？」

這三段話足以化解「人類中心主義的價值觀」，使我們看待萬物的眼界向上提升，也只有如此，才有可能進一步品味萬物自身的美妙之處。

萬物確實各有所長，西方有一句格言說：「自然界不跳躍。」意思是：自然界沒有所謂的真空存在，所有的現象皆是連續發展的，由此形成一個互動的整體。既然如此，又有什麼東西是可有可無或一無是處的呢？《莊子．秋水》從「器、技、性」三個角度進行評論，說明萬物各有其優劣，所以我們不宜妄分貴賤，關鍵在於：用得其「時」。請看原文怎麼說：

「棟樑可以衝撞城門，卻不可以堵塞小洞，這是因為器用不同。騏驥驊騮可以一日奔馳千里，但是捕捉老鼠的本事不如野貓與黃鼠狼，這是因為技能不同。貓頭鷹晚上能抓跳蚤，看清毫毛，但是大白天卻張著眼睛也看不到山丘，這是因為本性不同。」

如果不接受這種說法，就是不明白天地的條理、萬物的實況，甚至是「非愚則誣」（若非愚昧無知，就是有心欺騙）。學習莊子，當然要避免受到如此嚴厲的指控。換個角度來看，亦即由「道」的眼光來看，一切將會大不相同，甚至讓人驚艷了。

昔日聆聽方東美先生講授中國哲學，發現他老人家很喜歡朗誦莊子的一段原典。由於原典值得口誦心維，我們先錄之於此。《莊子・知北遊》有云：「天地有大美而不言，四時有明法而不議，萬物有成理而不說。聖人者，原天地之美而達萬物之理。」意思是：「天地有全然的美妙，卻不發一言；四時有明顯的規律，卻不必商議；萬物有既定的道理，卻不加說明。聖人，就是要存想天地的美妙，而通達萬物的道理。」

這不是憑空幻想，而是覺悟了「道」之後的智慧表現。莊子在這整段話結束時這麼說：「天下萬物無不起起伏伏，不會始終如一；陰陽變化、四季運行，各自有其秩序；昏昏暗暗的樣子，好像不在卻又存在；自動自發的樣子，不見形跡卻有神妙作用；萬物受到養育而毫不知情。這就稱為本來的根源，可以由此觀察自然了。」

許多學者研究莊子思想，會特別指出莊子有密契主義（mysticism）的色彩，意思是說：莊子強調「天人合一」與「天地大美」，讓個人自我消融在整體之中，由此體驗類似神魂超拔（亦即「忘我」）的境界。這種詮釋可以成立，但是不可忽略一點：莊子所心醉沉迷的並非天地萬物，而是那作為天地萬物之「起源與歸宿」的道。他是先領悟了道，再接受由道而來的一切，包括人間發生的一切，然後化解自我的執著。跨出這一步，何止是海闊天空，簡直是全然的美妙，無比的喜悅啊！

◆ ◆ ◆

**《莊子・齊物論》**（見《莊子解讀》2．12 p.45）

民溼寢則腰疾偏死，鰌然乎哉？木處則惴慄恂懼，猨猴然乎哉？三者孰知正處？民食芻豢，麋鹿食薦，蝍且甘帶，鴟鴉耆鼠，四者孰知正味？猨徧狙以為雌，麋與鹿交，鰌與魚游。毛嬙、麗姬人之所美也，魚見之深入，鳥見之高飛，麋鹿見之決驟，四者孰知天下之正色哉？

**《莊子・秋水》**（見《莊子解讀》17．6 p.248）

梁麗可以衝城，而不可以窒穴，言殊器也；騏驥驊騮，一日而馳千里，捕鼠不如狸狌，言殊技也；鴟鵂夜撮蚤，察豪末，晝出瞋目而不見丘山，言殊性也。

# 15. 超凡的意境

惠施是說話高手，自視為辯才無礙；但是，他只要遇到莊子，就經常啞口無言。這不是因為他的反應不夠敏捷，口齒不夠伶俐，而是因為兩人的智慧相差太遠了。

「智慧」是什麼？是異於資訊，多於知識；是對人生產生完整而根本的覺悟。這種覺悟將會使人展現特別的言行，不與人爭而自得其樂。莊子是道家人物，而「道」是究竟真實，從道的觀點來看待人生，自然可以品味不凡的智慧了。

莊子很希望找到可以「相視而笑，莫逆於心」的朋友，但是從他的書中看來，這個希望恐怕要落空了。他的少數朋友中，只有惠施一人以真名出現。然而，莊子如何評價惠施呢？《莊子，徐無鬼》記載了一段故事：

莊子送葬時，經過惠子的墳墓；他回頭對跟隨的人說：「郢地有個人把石灰抹在鼻尖上，薄得像蒼蠅的翅膀，再請石匠替他削去。石匠運起斧來輪轉生風，順手砍下，把石灰完全削去，而鼻子毫無損傷。郢地這個人站在那裡面不改色。宋元君聽說這件事，就召石匠來說：『請你做給寡人看看。』石匠說：『我還是能用斧頭削去石灰。不過，我的對手已經死去很久了。』自從這位先生去世以後，我沒有對手了。我沒有可以談話的人了。」

莊子自比為技藝卓絕的石匠，但是若無勇敢的郢人對他深具信心，他也難免感嘆「英雄無用武之地」。惠施若是地下有知，可能會悲喜交集，但是又徒呼奈何！

莊子大概認為自己在世人眼中顯得「呆若木雞」。這隻怪異的雞經過三階段的修練才成功。《莊子．達生》記載紀渻子為齊王培養鬥雞，經過三個什麼樣的階段呢？一是：「牠現在只是姿態虛驕，全靠意氣。」二是：「牠對外來的聲音及影像，還會有所回應。」三是：「牠還是目光犀利，盛氣不減。」最後呢？「差不多了！別的雞雖然鳴叫，牠已經不為所動了。看來像一隻木頭雞了。牠的天賦保持完整了。別的雞沒有敢來應戰的，一見到牠就回頭跑走了。」

表面看來呆若木雞，而內在功力卻深不可測。莊子真有這麼高明嗎？《莊子．天下》描寫七派學者，其中也談到莊子所學的古代道術，請看：「恍惚芒昧而沒有形跡，隨物變化而沒有常性，這是死還是生呢？與天地一起存在嗎？與神明一起前進嗎？茫茫然不知去哪裡？飄飄然不知往何處？萬物都包羅在內，卻不能當成歸宿。古代道術有著重這一方面的，莊周聽說這種風氣就愛好。」

如果對照另外六派學者所愛好的道術，將會發現一點有趣的差異，那就是：莊子用一連串的問句來描寫他所嚮往的道術（亦即道的應用）。用問句來描寫，是因為人類使用的語言實在不足以說清楚什麼是道的本身

（對道的應用亦是如此）。

莊子採取什麼方式來表達他的思想呢？「他用悠遠無稽的說法、廣大虛幻的言論、漫無邊際的語詞來表達，時常任意放縱而不黨同伐異，也不會執持偏於一端的見解。他認為天下人沉迷混濁，沒辦法同他們講正經的道理。他以隨機應變的話來任意引申，以借重別人的話來證明可信，以寓言來推廣想法。」這些策略的具體表現，我們在《莊子》書中已經充分領教過了。而最重要的是他所抵達的境界。

莊子以兩句話來敘述此一境界。一是：「獨自與天地精神往來，而不輕視萬物，不質問別人的是非，而能與世俗相處。」二是：「在上與造物者同遊，在下與超脫生死、忘懷始終的人做朋友。」由此可知，道即是「造物者」，是萬物的本源；道也是「天地精神」，是使天地成為天地的真正力量。

莊子談到來源，「說得弘廣而通達，深遠而博大」，談到根基，「可以說是和諧適宜，抵達最高境界了」。愛好智慧的人，怎能不對莊子感覺無比的吸引力呢？

◆ ◆ ◆

**《莊子．徐無鬼》**（見《莊子解讀》24．7 p.375）

莊子送葬，過惠子之墓，顧謂從者曰：「郢人堊慢其鼻端若蠅翼，使匠石斲之。匠石運斤成風，聽而斲之，盡堊而鼻不傷，郢人立不失容。宋元君聞之，召匠石曰：『嘗試為寡人為之。』匠石曰：『臣則嘗能斲之。雖然，臣之質死久矣。』自夫子之死也，吾無以為質矣，吾無與言之矣！」

**《莊子．達生》**（見《莊子解讀》19．9 p.285）

紀渻子為王養鬥雞。十日而問：「雞已乎？」曰：「未也，方虛憍而恃氣。」十日又問，曰：「未也，猶應嚮景。」十日又問，曰：「未也，猶疾視而盛氣。」十日又問，曰：「幾矣，雞雖有鳴者，已無變矣，望之似木雞矣，其德全矣。異雞無敢應者，反走矣。」

**《莊子．天下》**（見《莊子解讀》33．8 p.505）

芴漠無形，變化無常，死與生與？天地並與？神明往與？芒乎何之？忽乎何適？萬物畢羅，莫足以歸。古之道術有在於是者，莊周聞其風而悅之。以謬悠之說，荒唐之言，無端崖之辭，時恣縱而不儻，不以觭見之也。以天下為沈濁，不可與莊語。以卮言為曼衍，以重言為真，以寓言為廣。獨與天地精神往來，而不敖倪於萬物。不譴是非，以與世俗處。其書雖瓌瑋，而連犿無傷也。其辭雖參差，而諔詭可觀。彼其充實不可以已。上與造物者遊，而下與外死生無終始者為友。其於本也，弘大而辟，深閎而肆；其於宗也，可謂調適而上遂矣。

# 16. 無限的嚮往

一個平凡的人，經由適當的修行，可以轉化成為不凡的人，像「聖人」、「真人」、「神人」、「至人」、「天人」等。在這些特定的名稱中，只有「聖人」是歧義的，因為儒家習慣以「聖人」代表德行完美的人，而德行完美在莊子看來，有時可能出於虛偽造作，以假仁假義來欺世盜名。不過，莊子也經常以正面意義使用「聖人」一詞，譬如《莊子・天下》就定義「聖人」為：「以自然為根源，以稟賦為依據，以大道為門徑，能夠順應一切變化的，稱為聖人。」

這樣的聖人，當然是個典型。「聖」字原指耳聰目明、智慮通達，再應用於行為上，可以「萬變不離其宗」，靈活處世而始終持守住根本原則。《莊子．天道》在歌頌了「道」之後，立即以聖人為例，說他「活著能與自然順行，死時能與萬物俱化，靜止時與陰氣同歸沉寂，活動時與陽氣同步奔波」。《莊子．刻意》說得更為詳盡，聖人「有所感而後回應，有所迫而後行動，不得已而後興起。拋開智力與巧計，順從自然的規律。所以說，沒有自然災難，沒有外物拖累，沒有別人抱怨，沒有鬼神責怪。生時有如浮遊，死時有如休息，沒有深思熟慮，沒有預先籌畫。光亮而不耀眼，守信而不執著。睡覺時不做夢，醒來後沒煩惱。精神潔淨純粹，身體從不疲乏。如此虛靜恬淡，才合乎自然稟賦」。

《莊子．大宗師》的篇名已經顯示，它是描述「道」這位大宗師的，而其中寫得最多的則是悟道而行的「真人」。「真人」一詞使人覺悟：世間有許多假人。離開道的都是假人，就像脫離水泉的魚無法活命一樣，假人只是苟延殘喘，在變化過程中消耗殆盡，走向幻滅的結局。莊子從各方面描寫真人，其中有一段是：「古代的真人，睡覺時不做夢，醒來後沒煩惱。他飲食不求甘美，呼吸特別深沉。」這是因為他超越了凡人的嗜欲。

另外一段是：「古代的真人，不懂得去喜愛生命，也不懂得去厭惡死亡；他施展才能時不會過度張揚，獨居自處時不會過度隱藏；只是從容地去那兒，又從容地來這兒而已啊。他既不探問自己的來源，也不尋求自己的歸宿；對任何遭遇都欣然接受，無所牽掛而回復本來的狀態。」

從旁觀者的眼光看來，這樣的真人顯示了另一種樣貌：他「神態高雅而不給人壓力，看來好像不夠卻又無所增益；有所堅持而沒有稜角，心胸開闊而不浮華；舒舒暢暢好像很高興，行事緊湊好像不得已；他的振作，鼓勵人上進；他的安頓，引導人順服；他的威嚴，好像泰然自若；他的豪邁，無法加以限制；他說話徐緩，好像喜歡隱瞞，他心不在焉，忘了自己要說的話」。

上述「真人」的表現，是來自悟道的緣故，這些我們都還可以勉強理解。莊子筆下的「至人」是「得至美而遊乎至樂的人」（〈田子方〉），他的處境就有些難以想像了。「至人潛入水中不會窒息，踩在火上不會灼傷，行走於萬物之上也不會害怕。」（〈達生〉）更神奇的是，「山林焚燒，不能使他燠熱；江河結凍，不能使他寒冷；迅雷劈裂高山，狂風掀動大海，不能使他驚恐」（〈齊物論〉）。

從「至人」可以聯想到「神人」。《莊子．逍遙遊》如此描寫：「他的肌膚有如凝雪，柔美有如處女；他不吃五穀，只是吸清風、飲甘露；他乘著雲氣，駕御飛龍，遨遊於四海之外。他的心神凝定，就能使農作物不受災害，造成五穀豐收。」接著又說：「神人啊！外物不能傷害他，洪水滔天不會使他溺斃，嚴重的旱災熔化了金石、燒焦了土山，也不會使他燠熱。他發揮一點剩餘無用的力氣，就可以造就堯、舜那樣的功業，他哪裡肯把世間的俗務當成一回事呢？」

在全面而深入了解莊子的思想之後，將會明白他所說的是什麼，是人類生命最偉大的潛能之完全實現。我們為此要對莊子再三致意。

◆ ◆ ◆

**《莊子．天下》**（見《莊子解讀》33．1 p.493）

以天為宗，以德為本，以道為門，兆於變化，謂之聖人。

**《莊子．天道》**（見《莊子解讀》13．2 p.198）

其生也天行，其死也物化。靜而與陰同德，動而與陽同波。

**《莊子．大宗師》**（見《莊子解讀》6．1 p.97，6．2 p.99）

古之真人，其寢不夢，其覺無憂，其食不甘，其息深深。

古之真人，不知說生，不知惡死；其出不訢，其入不距；翛然而往，翛然而來而已矣。不忘其所始，不求其所終；受而喜之，忘而復之。

**《莊子．逍遙遊》**（見《莊子解讀》1．9 p.21，1．10 p.22）

藐姑射之山，有神人居焉。肌膚若冰雪，淖約若處子；不食五穀，吸風飲露；乘雲氣，御飛龍，而遊乎四海之外；其神凝，使物不疵癘而年穀熟。

之人也，之德也，將旁礴萬物以為一。世蘄乎亂，孰弊弊焉以天下為事！之人也，物莫之傷，大浸稽天而不溺，大旱金石流、土山焦而不熱。是其塵垢粃糠，將猶陶鑄堯、舜者也，孰肯以物為事！

# 內容簡介

本書集結了傅佩榮教授精彩的一系列莊子思想演講，拋開了以往人們對於古代哲學思想只能從硬梆梆又古板的理解方式，傅教授轉而以生動又深入淺出的講解，讓讀者了解到莊子的哲學不只是玄而難懂的道家思想，相反的，它不僅解釋了二千多年前的社會與人們的思維方式，在二十一世紀的今日，仍然對照出人類共通的迷惘執著。

莊子的智慧扣緊了時間的命題，他從宏觀的角度俯視人世間的種種，對比了時間的無垠涯以及人生命的短暫，這是一種近乎宗教的超脫，也是莊子哲學裡最重要的主題。經過了傅教授巧妙的牽引，莊子宏深的哲理穿過時空，飛到現代與當代思潮結合，我們發現，一代聖哲的偉大不只存於當下，它通過了時間的考驗，也能讓現代人從中反思出一些啟示，而這就是哲學能帶給人的最重要價值，讓庸碌生活的我們能偶爾停下腳步，不再盲目追求稍縱即逝的物慾，而能放寬眼界深呼吸，重新檢視在廣大宇宙中身為一個渺小生命的新意義。

傅佩榮教授在深厚的中西哲學基礎下，不斷精研儒、道二家的哲學，獲得許多讀者深刻熱烈的共鳴。而現在這本書，對讀者而言更是一本最佳理解莊子思想的書籍，以傅教授自己的話說：「我捧讀莊子最深的領悟一篇篇形諸筆墨，希望讀友們也能透過我的心得隨著年齡與閱歷而一再深化及昇華，直到我們能如莊子一般，終於領悟了「天地有大美而不言」。」

# 作者簡介

**傅佩榮**

美國耶魯大學哲學博士，臺灣大學哲學系所教授，曾任比利時魯汶大學與荷蘭萊頓大學講座教授、逢其原書院院長。著有《哲學與人生》、《柏拉圖》、《儒道天論發微》、《儒家哲學新論》、《孔門十弟子》、《不可思議的易經占卜》、《文化的視野》、《西方哲學心靈‧全三卷》、《傅佩榮莊子經典五十講》、《傅佩榮生活哲思文選‧全三卷》、《傅佩榮宗教哲學十四講》、《傅佩榮先秦儒家哲學十六講》、《傅佩榮周易哲學十五講》等，並重新解讀中國經典《論語》、《孟子》、《老子》、《莊子》、《易經》、《大學‧中庸》，譯有《四大聖哲》、《創造的勇氣》、《人的宗教向度》等書，策劃《世界文明原典選讀》（全六冊）及編譯《上帝‧密契‧人本》。

傅佩榮國學官方頻道

國家圖書館出版品預行編目(CIP) 資料

傅佩榮莊子經典五十講/ 傅佩榮著 -- 三版 -- 新北市:立緒文化事業有限公司, 民109.03
304面；14.8×21公分. --（新世紀叢書；104）

ISBN 978-986-360-151-7 (平裝)

1.（周）莊周 2. 莊子 3. 學術思想 4. 人生哲學

121.33 109001851

# 傅佩榮莊子經典五十講（第三版）

出版——立緒文化事業有限公司（於中華民國 84 年元月由郝碧蓮、鍾惠民創辦）
作者——傅佩榮

發行人——郝碧蓮
顧問——鍾惠民

地址——新北市新店區中央六街 62 號 1 樓
電話—— (02) 2219-2173
傳真—— (02) 2219-4998
E-mail Address —— service@ncp.com.tw
劃撥帳號—— 1839142-0 號 立緒文化事業有限公司帳戶
行政院新聞局局版臺業字第 6426 號

總經銷——大和書報圖書股份有限公司
電話—— (02) 8990-2588
傳真—— (02) 2290-1658
地址——新北市新莊區五工五路 2 號
排版——伊甸社會福利基金會附設電腦排版
印刷——尖端數位印刷股份有限公司

法律顧問——敦旭法律事務所吳展旭律師

分類號碼—— 121.33
ISBN —— 978-986-360-151-7
出版日期——中華民國 96 年 3 月初版 一刷（1 ～ 5,000）
中華民國 102 年 9 月二版 一刷（1 ～ 900）
中華民國 109 年 3 月～ 112 年 10 月三版 一～四刷（1 ～ 2,700）
中華民國 113 年 7 月三版 五刷（2,701 ～ 3,400）
經典版出版日期——中華民國 102 年 9 月二版 一刷（1 ～ 1,300）

定價◎ 320 元（平裝）